# VODU
# VOODOO
# & HOODOO

# VODU
# VOODOO
# & Hoodoo

A Magia do Caribe e o Império de Marie Laveau

*Diamantino F. Trindade & Hougan Sébastien de la Croix*

Todos os direitos reservados © 2023

É proibida qualquer forma de reprodução, transmissão ou edição do conteúdo total ou parcial desta obra em sistemas impressos e/ou digitais, para uso público ou privado, por meios mecânicos, eletrônicos, fotocopiadoras, gravações de áudio e/ou vídeo ou qualquer outro tipo de mídia, com ou sem finalidade de lucro, sem a autorização expressa da editora.

**Dados Internacionais de Catalogação na Publicação (CIP)**

| T833v | Trindade, Diamantino Fernandes |
|---|---|
| | Vodu, Voodoo e Hoodoo: a magia do Caribe e o império de Marie Laveau / Diamantino Fernandes Trindade, Hougan Sébastien de la Croix. - São Paulo : Arole Cultural, 2021. |
| | ISBN 978-65-86174-15-1 |
| | 1. Religiões africanas. 2. Religiões afro-caribenhas. 3. Vodu haitiano. 4. Voodoo norte-americano. 5. Hoodoo. 6. Marie Laveau. 7. Magia popular. 8. Magia africana. I. Croix, Hougan Sébastien de la. II. Título. |
| 2020-2536 | CDD 299.6<br>CDU 299.6 |

Índice para catálogo sistemático:
1. Religiões afro-brasileiras 299.6
2. Religiões afro-brasileiras 299.6

**Elaborado por Vagner Rodolfo da Silva - CRB-8/9410**

Para a Voodoo Queen
Marie Laveau

*A Rainha nunca morre!*

# Agradecimentos

Aos Loa que, com sua poderosa energia, nos protegeram e possibilitaram a fluidez da escrita nesta obra.

Os autores

Ao amigo e irmão Eduardo Régis, também conhecido como Frater Vameri, pelo seu apoio, pelas proveitosas conversas e pela sua autorização do uso extensivo dos seus textos nesta obra.

Em especial à minha Mambo e meu Hougan que, com muito carinho, paciência e, sobretudo, muita competência, descortinaram-lhe o fascinante universo do Vodou Haitiano.

Sébastien de la Croix

# SUMÁRIO

APRESENTAÇÃO ..........................................................14
UMA BREVE E NECESSÁRIA INTRODUÇÃO ...............19
BREVE REGISTRO HISTÓRICO DO HAITI ...............22
A TEOLOGIA DO VODU ..............................................28
   A Estrutura do Culto Tradicional ...............................38
   Hierarquia e Ritos de Passagem .................................41
   Prye Ginen ..................................................................44
   Os Ghedes ...................................................................55
      *Zumbis: mito ou realidade?* ..................................*67*
OS LOAS RADA E PETRO .............................................71
   Rada .............................................................................72
      *Papa Legba* ..........................................................*72*
      *Marassa* ...............................................................*76*
      *Papa Loko* ...........................................................*78*
      *Ayizam* ................................................................*82*
      *Damballah* ..........................................................*84*
      *Agwé* ...................................................................*85*
      *La Sirene / La Balen* ...........................................*87*
      *Erzulie Freda* ......................................................*88*
      *Cousin Zaka* .......................................................*92*
      *Ogou* ...................................................................*93*

Petro ..................................................................................... 95
   *Met Kalfou ou Maitre Carrefour* .................................... 95
   *Erzulie Dantor ou Ezili Danto* ........................................ 97
   *Simbi* ................................................................................ 101
   *Gran Bwa* ..................................................................... 103
   Vèvès: Assinaturas Mágicas dos Loas ............................ 106
VOODOO EM NEW ORLEANS ................................ 110
   Boneco Voodoo ............................................................ 119
MARIE LAVEAU: A RAINHA VOODOO ................. 122
   Mito ou realidade? ....................................................... 122
   *O santuário internacional de Marie Laveau* ................. 157
OUTROS PERSONAGENS IMPORTANTES DO VOODOO DE NEW ORLEANS ................................... 158
   Malvina Latour ............................................................. 158
   Lala, a herdeira da Rainha ........................................... 161
   Dr. John Montanee ...................................................... 163
      *Trabalhando com o Dr. John* .................................... 166
HOODOO .................................................................... 168
   Breve Receituário Hoodoo, Conjure e Rootwork .......... 173
      *Faça Você Mesmo o seu Gris-Gris* ........................... 183
   O Uso dos Salmos no Hoodoo ..................................... 187
   Oração Tradicional do Hoodoo para Abrir Caminhos ... 189
   As receitas mais tradicionais do Hoodoo ...................... 195
      *As águas do Hoodoo* ............................................... 196
      *Hoodoo, doce Hoodoo!* ........................................... 200
      *Pisando com força!* ................................................. 203
      *Garrafas Mágicas* .................................................... 205
      *Cozinha Mágica* ...................................................... 208
DAQUI PRA FRENTE ................................................ 213
REFERÊNCIAS BIBLIOGRÁFICAS ........................... 215
SOBRE OS AUTORES ................................................ 221
   Diamantino Fernandes Trindade ................................. 221
   Sébastien de la Croix .................................................... 223

# PREFÁCIO

Pedro Limongi (Leratsára)[1]

O leitor mais exigente indagará qual é a relevância de uma leitura desta natureza. Esse mesmo leitor deve, porém, questionar quais são as impressões que comumente ouvimos ao falar sobre o Vodu/Voodoo. Não raro, encontramos ideias distorcidas, muito distantes da realidade dessa rica e curiosa tradição. Desse modo, neste livro o leitor encontrará uma oportunidade para clarear o olhar distorcido sobre qualquer impressão leviana.

Ora, a primeira etapa que um buscador sincero de tradições espirituais deve cumprir é não tomar como verdadeiros conceitos superficiais dados pelo senso comum, muitas vezes intoxicados pela cultura em que se está inserido, que recorrentemente introjeta categorias e padrões de pensamentos que impedem uma flexibilização do olhar

---

1 Pedro Limongi (Leratsára) é filósofo e pós-graduado em Filosofia da Religião. Discípulo de Hanamatan Ramayane. Médium do Templo Cristão Umbanda do Brasil. Dirigente da Filial nº 1 do Templo Cristão Umbanda do Brasil (Choupana de Pai Congo).

acerca de uma cultura distinta. Um exemplo disso são os errôneos julgamentos precipitados com que nos deparamos ao ouvir sobre o Vodu/Voodoo. Assim, quem se propõe a analisar e investigar uma tradição que difere do ambiente em que vive, deve realizar uma catarse interior, a fim de que o seu olhar sobre o outro atinja níveis mais profundos e verdadeiros.

Diamantino Fernandes Trindade e Sébastien de la Croix são seríssimos pesquisadores e atuantes de variadas tradições espirituais, executando um ofício de serviço de preservação e perpetuação, de modo a levar o conhecimento e despertar o interesse das pessoas a trilharem caminhos tradicionais na senda da espiritualidade. Nesta obra, os autores provocam a ânsia para o leitor procurar se aprofundar e conhecer os mistérios do Vodu/Voodoo, apresentando a estrutura do culto haitiano e americano, assim como seus aspectos históricos, mágicos e religiosos; centrado na enigmática e excêntrica figura de Marie Laveau (a Rainha Voodoo), hora vista como bruxa, hora dada como santa.

Certamente, os amantes das tradições da espiritualidade brasileira irão se encantar com a identidade e as características do Vodu/Voodoo, já que assim como as tradições religiosas oriundas do solo tupiniquim, essa tradição é resultante de um cenário de repressão e apresenta um viés magístico religioso, assim como uma forte articulação com o Catolicismo.

Para aqueles que não se contentam apenas com a teoria, neste livro também há um espaço reservado ao

Hoodoo, uma forma tradicional de magia popular que contém elementos do Vodu haitiano, do Voodoo americano, do conhecimento indígena e do ocultismo europeu. São ensinamentos que independem de cerimônias iniciáticas, podendo ser aplicados e dialogados com outras tradições. Ao término da leitura, somos presenteados com um breve receituário Hoodoo, contendo práticas simples com elementos facilmente encontrados.

A leitura ficará ainda mais agradável se o leitor se permitir sentir e assimilar a natureza peculiar do Voodoo e da figura de Marie Laveau, onde a arte e a magia se confundem, trazendo-nos uma harmoniosa combinação. Para tanto, o Jazz e o Blues de New Orleans podem ser excelentes companheiros durante esta leitura ou nos momentos posteriores de reflexão sobre os ensinamentos que aqui serão encontrados.

# APRESENTAÇÃO

Prezados leitores e leitoras: aliados à Arole Cultural, apresentamos uma obra única no cenário religioso brasileiro.

Neste livro pretendemos abordar o incrível trabalho espiritual de Marie Laveau e do Voodoo da Louisiana, assim como suas origens no Vodu haitiano. Além disso, vamos também falar sobre o Hoodoo, forma tradicional de magia popular afro-americana, com muita coisa em comum com o Voodoo.

As rainhas do Voodoo ocupam, até os dias de hoje, um lugar de destaque no cenário religioso de New Orleans. Assim, escreveremos também, além da Rainha Marie Laveau, sobre a Rainha Malvina Latour, Rainha Lala, Rainha Julia Jackson e a Rainha Sanité Dédé.

Iniciamos com um breve registro histórico do Haiti. Em seguida, abordamos a Teologia do Vodu, o Vodu haitiano e os *Ghede* (entidades similares aos Exus e Pombagiras como conhecemos no Brasil). Logo após temos a *Priye Ginen*, uma longa recitação popular haitiana utilizada nas aberturas dos rituais, aprendida de cor, que saúda todas as nações africanas que participaram da formação do Vodu.

No capítulo seguinte, mostramos as duas categorias de espíritos do Vodu, Rada e Petro, seres espirituais chamados anjos, ancestrais, espíritos, Mistérios e Loas. Esses seres transmitem a vontade e o governo de Deus e fazem a ponte na comunicação entre os homens e o Divino.

Os zumbis existem? É o que veremos a seguir. Quando o tema Vodu vem à baila, uma das primeiras imagens que acodem às mentes das pessoas é a de um cadáver reanimado magicamente para ser utilizado em trabalhos braçais nas plantações haitianas. Revelaremos esse mistério, da mesma forma que desmistificaremos o famoso e "terrível" boneco voodoo.

Do Haiti, partimos para New Orleans, no estado de Louisiana, nos Estados Unidos, e mudamos agora a grafia de Vodu para Voodoo. New Orleans transpira Voodoo, como poderemos ver ao longo do livro. Nessa misteriosa cidade ocorreu a fusão da cultura francesa e do Voodoo e muitos espíritos voodoo tornaram-se associados aos Santos Católicos que presidiam o mesmo domínio. Embora as práticas Voodoo e Católica sejam radicalmente diferentes, os primeiros seguidores do Voodoo nos Estados Unidos adotaram a imagem dos Santos Católicos para seus espíritos, afinal, tanto os Santos quanto os espíritos agem como mediadores, como a Virgem Maria e *Legba*, presidindo atividades específicas.

Chega, então, a hora de falar sobre a Rainha Voodoo, Marie Laveau, que durante várias décadas manteve New Orleans fascinada com suas eficientes práticas de Voodoo e Hoodoo. Foi considerada uma das mulheres mais poderosas da Louisiana, mantendo ótimas relações sociais e políticas com padres, juízes, militares de alta patente e outras autoridades que buscavam seus préstimos. É um capítulo eletrizante que mostra aspectos de sua vida e de sua obra. Marie Laveau foi tema de várias músicas. Apresentamos músicas compostas para ela (Jazz, Blues, Country e Heavy Metal), cantadas, respectivamente, por Papa Celestine, Bobby Bare, Dr. John e a banda Volbeat, bem como um poema de Shel Silverstein. Marie Laveau formulou a primeira doutrina para uma prática de Voodoo e sua reputação foi mantida viva em canções, filmes e romances. Foi retratada na série American Horror Story: Coven e, no universo das HQs da Marvel Comics na década de 1970, foi adversária tanto de Drácula quanto do Dr. Estranho.

Destacamos, em seguida a matéria "O Santuário Internacional de Marie Laveu", espaço dentro do New Orleans Healing Center (Centro de Cura de New Orleans), um santuário vivo e em crescimento, que está centrado em torno de uma estátua de Marie Laveau criada pelo artista Ricardo Pustânio e presenteada a o Santuário Internacional para que a comunidade, peregrinos e visitantes tenham um local apropriado para deixar oferendas e realizar orações.

Durante o Século XIX, as rainhas tornaram-se figuras centrais dessa religião nos Estados Unidos, presidindo reuniões cerimoniais e danças rituais. Elas também ganharam renda administrando encantos, amuletos e pósmágicos garantidos para curar doenças, conceder desejos e confundir ou destruir os inimigos. Por isso, prosseguimos com um artigo sobre Malvina Latour, que sucedeu a Marie Laveau como Rainha do Voodoo, mesmo com Marie Laveau II continuando a ser a figura mais proeminente do Voodoo de New Orleans após a morte de sua mãe. No final dos anos 1970, Irma Thomas, cantora de New Orleans, gravou uma música chamada "Princesa Lala" – baseada Laura Hunter, uma famosa Rainha Voodoo em New Orleans das décadas de 1930 e 1940 – com todos os relatos descritos na letra. Em sequência, falamos sobre o Dr. John Montanee: referência do Voodoo e mentor de Marie Laveau, texto fundamentado nas pesquisas de Denise Alvarado.

Em seguida explicamos o que é Hoodoo, uma forma de magia popular afro-americana, união de três grandes vertentes tradicionais de magia, cura e folclore pagão de imigrantes europeus: o Vodu haitiano; o conhecimento sobre ervas e cura dos Índios norte-americanos e o conjunto de técnicas mágicas e sabedorias compiladas de alguns compêndios de magia europeus como o *Grimorium Verum*, o Grimório Papal (Papa Honório), *O Livro de Abramelin* e até mesmo *As Chaves de Salomão*. Aproveitamos para falar de Patsy Moses, que faz uma narrativa sobre os encantos e conjuros aprendidos com ex-escravizados e práticas de Voodoo.

Logo após, temos um sensacional Receituário Hoodoo e ensinamos a fazer o seu próprio *gris-gris*, talismã muito tradicional no Hoodoo e no Voodoo da Louisiana. Encerramos com o poderoso uso dos Salmos no Hoodoo e uma tradicional oração Hoodoo para abrir caminhos.

Mais uma vez observamos a utilização da grafia Vodu, quando nos referimos ao culto haitiano e Voodoo em referência ao culto nos Estados Unidos.

Esperamos que esta obra possa servir como ponto de reflexão para os cérebros pensantes e corações sensíveis no sentido de um novo olhar, despido de preconceitos, sobre a maravilhosa religião Vodu/Voodoo.

Desejamos uma boa leitura a todos!

Somos o que somos!

DIAMANTINO FERNANDES TRINDADE
& SÉBASTIEN DE LA CROIX.

# Uma Breve e Necessária Introdução

Este pequeno livro nasceu de uma maneira muito despretensiosa e optamos por deixá-lo assim: simples, enxuto, coloquial, trazendo o necessário para que o público leigo compreenda o que é o Vodu Haitiano, a sua derivação para o Voodoo Norte-Americano e a influência de ambos na tradição do Hoodoo. Esperamos que, sobretudo, ele sirva para trazer algum esclarecimento sobre o assunto e para desfazer o imenso preconceito que ainda existe sobre o tema.

Os capítulos referentes ao Vodu, Voodoo e Hoodoo nasceram de uma pequena apostila elaborada por Sébastien de la Croix e entregue aos participantes de um workshop patrocinado pela Casa de Cultura Umbanda do

Brasil, no qual, além dos ensinamentos teóricos sobre essas três tradições, foram conduzidas oficinas práticas de Hoodoo.

Já a ampla pesquisa sobre o Voodoo de New Orleans e a fascinante Marie Laveau foi realizada, na mesma época, por Diamantino Fernandes Trindade e tantos foram os extraordinários fenômenos psíquicos que se sucederam na ocasião que os autores concluíram pela necessidade de se unir ambos os materiais num todo coeso. Afinal, ficoulhes muito claro que, aos ancestrais guardiões dessas tradições, interessava trazer luz sobre elas em território nacional, vez que, até o momento, o mercado editorial conta com obras populares sofríveis, que nem de longe refletem o que realmente é o Vodu, ou com excelentes obras acadêmicas voltadas a um público erudito e dedicado à pesquisa universitária das tradições da diáspora africana.

Esta obra, assim, embora pretenda desfazer o mar de enganos que encobre as belezas e mistérios do Vodu, não faz as vezes de um compêndio exauriente e sofisticado sobre tão complexo tema, mas se traduz num breve manual que fornecerá informação suficiente a um primeiro contato e que poderá subsidiar e guiar estudos futuros mais aprofundados, que bem poderão tomar como ponto de partida a bibliografia básica aqui indicada.

Leia-o, releia-o e estude-o atentamente: é melhor conhecer pouco sobre um assunto, mas com alicerces sólidos bem estabelecidos, norteados por uma tradição viva e legítima, do que tentar absorver muita informação de uma só vez e, em sendo incapaz de digeri-la, formar a partir dela uma salada indigesta que nenhum bem trará.

HOUGAN SÉBASTIEN DE LA CROIX

# BREVE REGISTRO HISTÓRICO DO HAITI

Em 1492, Cristóvão Colombo chegou à ilha de Hispaniola e maravilhou-se com os ornamentos de ouro ostentados pelos nativos de etnia Taino, da grande nação Arawak. Contudo, o ouro da ilha esgotou-se cerca de cinquenta anos depois da sua descoberta, ficando ela praticamente esquecida, habitada por alguns poucos espanhóis e usada como ponto de parada por piratas.

Em 1697, metade da ilha foi passada para a França por força do Tratado de Ryswik, e, muito rapidamente, os franceses perceberam que o solo fértil daquelas terras era ainda mais valioso do que o ouro que um dia albergaram. Foi assim que teve início uma maciça importação de africanos escravizados para trabalhar nas lavouras de café, sisal e, sobretudo, cana de açúcar da recém-batizada ilha de Santo Domingo.

Os horrores da escravização são bem conhecidos do leitor, de modo que aqui não é preciso repisar todo o cenário de trabalhos extenuantes, tortura, maus-tratos, humilhação e opressão que configura o regime escravagista. A Santo Domingo, assim como se deu no Brasil, vieram negros das mais variadas etnias, línguas e religiões, sendo que os senhores das terras costumavam separar as famílias negras visando a evitar conspirações e rebeliões. Com o tempo, os negros criaram um sistema de culto às divindades de suas terras originais denominado *Règlement*. As divindades congolesas do sudeste africano passaram a ser cultuadas lado a lado dos Loas (Lwas) das tribos Fon e Ewe do Daomé (atual Benin) e dos Orixás nigerianos. Paralelamente, costumes religiosos dos indígenas da ilha passaram a ser incorporados ao culto dos escravizados, como é o caso dos famosos *vèvès* (pronuncia-se vévés), traçados atribuídos aos espíritos e desenhados no chão com farinha de milho, cuja origem é a prática indígena de pintura com areia, bem como da personalidade irreverente e marcadamente sexual dos Ghedes, herdada dos espíritos dos mortos das culturas Arawak e Taino.[2] Por fim, nesse caldo cultural, o catolicismo francês ocupou um lugar de máximo destaque, passando-se a incorporar cerimônias

---

2 Embora esta seja uma tese registrada em muitos livros e artigos sobre o tema, ela é controversa como praticamente tudo o que diz respeito ao Vodou. Assim, é importante ter em mente que, entre outras origens para os vèvès, há quem defenda derivarem do costume bantu de se desenhar, com variados materiais, traçados que refletem a natureza mesma do espírito oferendado ou invocado.

católicas como o batismo e o casamento, bem como uma rica atribuição de Santos aos Loas e espíritos cultuados. Nascera, assim, o Vodou[3] ou Vodu haitiano. Não tardou para que os brancos passassem a temer os poderes do Vodou. Os africanos escravizados foram proibidos de dançar e as Mambos e os Hougans[4] mais famosos eram mortos para servir como exemplo aos demais. Nesse contexto de máxima opressão, entre 1751 e 1758, um escravizado fugido e hougan chamado François Makandal liderou uma rebelião que tirou a vida de cerca de 6 mil brancos. Makandal era um especialista em herbologia e distribuiu aos seus correligionários um poderoso veneno que, administrado na comida e na bebida, levou a que várias famílias francesas vissem a morte chegar em meio a dores excruciantes e vômito de sangue. Conta-se que, após ter sido capturado e torturado, quando ia ser queimado vivo, Makandal teria se transformado em um mosquito e voado para longe de seus algozes.

Quarenta anos depois, outro hougan tentou libertar os escravizados: Dutty Boukman, que, na noite do dia

---

3 A grafia correta é vaudou, mas, aqui, optou-se pela grafia em uso corrente na língua inglesa para facilitar a compreensão da pronúncia correta. Embora a grafia voodoo também seja de uso corrente, alguns voduístas consideram-na uma corruptela oriunda do Hoodoo dos EUA. Em português, a grafia correta da palavra é vodu.
4 Mambo e Hougan são os nomes do sacerdote vodu, mulher e homem, respectivamente. É comum encontrar-se a grafia Hougan em textos escritos na língua inglesa, razão pela qual acabou sendo mais conhecida. Embora ambas as grafias estejam corretas, a palavra *oungan* costuma ser considerada mais fiel ao idioma Creole (ou Crioulo Haitiano), sendo admitida, ainda, a grafia *ougan*.

14 de agosto de 1791, celebrou uma cerimônia em Bwa Kayman, na qual foi sacrificada uma porca e, diz a tradição, manifestou-se pela primeira vez a terrível Erzulie Dantor. Teve início, assim, uma revolta na qual estima-se que, ao final do primeiro dia, cerca de 2000 brancos haviam sido mortos. Mas, o movimento durou pouco tempo e foi duramente repreendido, tendo sido Boukaman um dos primeiros a ser capturado e executado.

*François Makandal (1758)*
*Imagem em domínio público*

Pouco tempo depois, em agosto de 1793, um comissário francês chamado Sonothonax aboliu abruptamente a escravatura na ilha, muito provavelmente a fim de que os negros libertos auxiliassem a França a retomar o controle local, pois os ingleses haviam aproveitado a revolução de 1791 para invadir Santo Domingo. Foi nesse contexto que emergiu o primeiro general negro, o herói nacional Toussaint L'Overture. Ele fora liberto em 1777, sabia ler e escrever e falava três línguas. Mais importante do que isso, L'Overture tinha o dom de ser ouvido pelas multidões e de influenciá-las.

Toussaint L'Overture comandou um grande batalhão de ex-escravizados sob a bandeira francesa e expulsou os ingleses da ilha, sendo proclamado governador de Santo Domingo. Em 1801, ele conquistou a outra parte da ilha, Hispaniola, abolindo a escravatura lá também e tornando-se o governador de todo o território. Contudo, L'Overture foi traído pelo seu desejo de poder: escreveu para Napoleão pedindo para ser instalado governador com o pomposo cerimonial que o título pedia, mas essa vontade foi vista pelo Imperador como uma ameaça ao poder francês na ilha. Napoleão, então, enviou seu cunhado Le Clerc com 20.000 homens para Santo Domingo com a missão de capturar L'Overture e restabelecer a escravidão. Toussaint L'Overture foi capturado em 1802, deportado para a França e preso em uma cela na qual, pouco tempo depois, veio a morrer.

Os negros, contudo, que tinham sentido o gosto da liberdade, não cederiam tão facilmente aos intentos escravagistas de Napoleão. Além disso, grande era a revolta da população negra traída pelo colonizador em nome do qual lutara contra os invasores ingleses. Nesse efervescente clima de revolta, um dos generais de L'Overture, Jean-Jacques Dessalines, liderou nova rebelião, expulsando as tropas francesas e proclamando a independência da ilha em 1804, que passou a se chamar Haiti[5], nome pelo qual os Tainos a denominavam desde tempos imemoriais. Dois anos depois, Dessalines é deposto e morto, assumindo o poder Henri Christophe e Alexandre Pétion, o primeiro fundando um reino ao norte e o segundo, uma república no sul. A partir daí, a história do Haiti passa por uma sucessão de governos ditatoriais, dentre os quais os de Jean-Pierre Boyer, Raoul Magloire, François Duvalier (Papa Doc) e Jeac-Claude Duvalier (Baby Doc).

---

5 Haiti ou Ayti significa "terra das montanhas".

# A TEOLOGIA DO VODU

A palavra "vodu" evoca exóticas imagens enfeitiçadas: zumbis perambulando por um cemitério à noite; alfinetes espetados em bonecos para atingir um inimigo a muitas milhas de distância; sacerdotes cortando as gargantas de galinhas e bebendo o sangue; adoradores em volta de uma fogueira etc. Para muitos de nós, as percepções sobre o Vodu são moldadas por filmes que temos visto e livros populares que lemos. Mas, na realidade, o Vodu não é uma prática secreta misteriosa, sinistra. Pelo contrário, é uma importante religião, com raízes tão antigas como a África e com milhões de seguidores hoje.

O Vodu é originário das Índias Ocidentais do Haiti durante o período colonial francês e ainda é amplamente praticada no Haiti. As fundações do Vodu são as religiões tribais da África Ocidental, trazidas ao Haiti por escravizados no século XVII, e a palavra "vodu" deriva de "vodun" na língua Fon de Daomé, que significa espírito, ancestral, divindade. O Haiti foi isolado durante grande parte de sua história, permitindo assim que o Vodu se desenvolvesse com suas próprias tradições, crenças e deuses únicos.

Os escravizados haitianos foram capturados de muitas tribos diferentes em toda a África Ocidental. Essas tribos compartilharam várias crenças básicas comuns: a adoração dos espíritos dos antepassados da família; o uso de cantar, tocar tambores e dançar em rituais religiosos; e a crença de que os seguidores eram possuídos por espíritos imortais.

Uma vez vivendo no Haiti, os escravizados criaram uma religião baseada em suas crenças compartilhadas, ao mesmo tempo absorvendo as fortes tradições e deuses de cada tribo e etnia. Influências da população indígena nativa no Haiti também foram integradas durante este período formativo. Para muitos africanos escravizados, tais tradições e práticas espirituais proporcionaram um meio vital de resistência mental e emocional a dificuldades amargas.

Os africanos não falavam todos uma mesma língua, tampouco compartilhavam uma mesma cultura e uma mesma religião. Uma vez que os Fon não falavam congolês, os Djouba não falavam daomeano e os Yorubá somente se comunicavam no seu próprio idioma, a língua do Vodu passou a ser o Creole, que, originalmente, não passava de francês com sotaque africano. A definição de uma língua comum permitiu que os negros oprimidos se unissem e passassem a identificar os elementos comuns que os uniam e não as suas diferenças, surgindo, assim, um sistema de culto que honrava os costumes e as divindades de todas as tribos e civilizações africanas que aportaram no continente americano.

Essa nova religião, denominada Vodu ou *Sèvis Ginen* (Serviço da Guiné), é uma fé familiar, cuja principal função é a rememoração dos costumes dos negros que deixaram a África à força. Reunidos em condições subumanas em uma terra estranha, eles foram deixando de lado suas identidades culturais locais e passaram a denominar a África de Guiné ou *Ginen*, um continente mítico onde residiam seus ancestrais e para onde um dia voltariam. O Vodu é um culto de rememoração.

De fato, embora suas crenças e rituais possam não os ter libertado, os africanos pareciam assustar com sucesso seus captores. Os donos de plantações brancas proibiam os escravizados de praticarem suas religiões nativas ameaçando-os com tortura e morte, e batizaram a todos como católicos. O Catolicismo tornou-se sobreposto aos ritos e crenças africanos, mas os escravizados ainda praticavam o Vodu em segredo ou mascarado como danças inofensivas.

Praticantes desta nova religião adicionaram aos seus ritos os santos católicos como um enriquecimento de sua fé e incluíram hinos católicos, orações, imagens, velas e relíquias sagradas em seus rituais. Unindo o catolicismo francês aos ritos originais de todos esses povos africanos, o *Sèvis Ginen* segue a sequência da prece invocatória denominada *Priye Ginen*, que se inicia com orações católicas tradicionais como o Credo, o Pai Nosso, a Ave Maria e o Ângelus, seguindo para a saudação aos Lwa Rada e Petro.

Hoje, os haitianos de classe média e superior abandonaram em grande parte as crenças e práticas do Vodu quase que exclusivamente. O Vodu é amplamente praticado pela classe camponesa, que abrange a maioria dos haitianos. Ele também migrou com os haitianos para outras partes do mundo, com comunidades particularmente fortes em New Orleans, Miami, Charleston e Nova Iorque, cada uma dessas comunidades criando novos rituais e práticas. Em todo o mundo, o Vodu tem mais de 50 milhões seguidores.

O Vodu é uma religião que se processa inteiramente no plano físico, não se concebendo uma cerimônia vodu sem a experiência da possessão pelos Lwa (ou Loas), os quais conferem cura e equilíbrio na vida. Diversos sistemas teológicos com seus espíritos, danças, rituais e estilos musicais fundiram-se no Vodu. Não se pode, inclusive, considerar que haja uma uniformidade no culto Vodu na Ilha do Haiti, pois a depender da influência cultural mais marcante em uma determinada região, há variações no *Règlement*.

Uma das nações africanas que muito influenciou o Vodu foi a congolesa, com sua visão sofisticada do mundo. Para os negros do Congo, há quatro movimentos básicos no universo, simbolizados no movimento aparente do Sol ao redor da Terra e refletidos na vida humana:

1. o nascer do sol corresponde à encarnação no plano físico;

2. o meio-dia relaciona-se com a maturidade da vida adulta;
3. o entardecer e o pôr do sol à velhice;
4. e a meia-noite, à morte.

Nesse momento, o Sol vai para o mundo subterrâneo, Anba Dlo ou sob as águas. É um tempo de repouso, recuperação e reflexão. O outro mundo, também chamado Kalunga, é o mundo dos mortos. A enorme massa de água com a qual os africanos se depararam quando da sua vinda para a América foi identificada com a Kalunga, relação fortalecida em virtude das inúmeras mortes que ocorriam na travessia, sendo os corpos jogados no mar. Isso tornou mais forte a relação que até hoje se encontra no Vodu entre a morte e a água. É no reino das águas que os mortos aguardam seu renascimento ou a sua ida para a *Ginen*.

Já a nação Ibo contribuiu com a ideia de um Deus criador distante da humanidade, a qual deixou sob os cuidados de uma miríade de espíritos. Os famosos *govis* e *canaris*, receptáculos para os Lwa e os mortos, respectivamente, tiveram origem nas tradições desse povo. Os nagôs da África Ocidental, por sua vez, contribuíram com os aspectos militares que distinguem o Vodou e cuja principal expressão é a parada Rara, o carnaval dos camponeses, as quais também são chamadas de armadas e são lideradas por generais e majores. Quando suas bandas se encontram pelo caminho, elas simulam uma bela batalha[6] com cantos,

---

6 Também conhecida como Cacumbi.

dança e batidas ritmadas nos tambores. Outra influência marcante dos nagôs são as bandeiras acetinadas usadas nos templos Vodu, chamadas drapô (*dwapo*), indicando os principais Lwa cultuados na casa. Outra nação africana que influenciou muito fortemente o Vodu foi a daomeana. É do Daomé, atual Benin, que vem os principais nomes dos Lwa como: *Agassou, Ayizan, Dambala Wedo, Ogou, Guédé, Sobo, Agwe, Atibon Legba, Bossou* etc.

Todas as cerimônias voduístas iniciam-se derramando-se um pouco de água no chão do templo, a fim de auxiliar a chegada dos espíritos, em uma alusão ao fato de que assim como os negros vieram da África para a América pela água, assim será também pela água que os Loas chegarão. A natureza aquosa do corpo humano, igualmente, é que tornaria possível o fenômeno da possessão. Os Loas, assim, manifestam-se nas águas da travessia oceânica, na água derramada no chão do templo e na água do corpo dos fiéis. Nunca será demais enfatizar, assim, que a água é o elemento central do *Sèvis Ginen*. Ela é derramada no solo para que os Loas possam caminhar, ela é oferendada como uma dádiva ao divino, que a abençoa, e ela é aspergida na assembleia para fins de limpeza e conforto. A finalidade do ritual é conduzir os fiéis através das águas míticas do retorno às águas abissais onde residem os antepassados, os Loas e os Mistérios. É o retorno à *Ginen*.

Outro elemento central do culto é a *Priye Ginen*, a qual é sempre a mesma, embora difira de casa para casa. Ela é uma longa recitação, aprendida de cor, que saúda todas as nações africanas que participaram da formação do Vodu. Ela também serve para estabelecer a ordem do serviço com a sequência dos Loas e Mistérios invocados, iniciando-se com uma litania composta por preces e hinos católicos em francês chamada *Priye Litanie*. Segue-se a *Priye Djo*, cantada em Creole, na qual se invocam os Santos, Loas e ancestrais cultuados na casa. Em alguns pontos, usa-se o *langaj*, palavras que aparentemente não têm sentido algum, oriundas de dialetos africanos que acabaram se perdendo com o tempo e sendo corrompidos.

É muito importante ter-se em mente que o Vodu é uma religião monoteísta. Nela, há um Deus supremo – *Bon Dieu* ou *Bondyê* –, abaixo do qual estão os Loas ou Mistérios (a palavra Loa ou Lwa quer dizer lei, mas é associada à ideia de espíritos). Apenas o *Bondyê* é objeto de adoração como a Fonte Incognoscível e o Todo que tudo abarca. Os Loas são apenas servidos, já que ocupam uma posição muito alta e relevante na hierarquia espiritual, podendo mesmo levar as petições dos fiéis diretamente a Deus. Abaixo dos Loas vêm os ancestrais (*Zanset-yo*), seguindo-se os *Guédés* ou *Ghedes*, os mortos em geral. Finalmente, há os vivos ou encarnados.

| Deus – *Bondyê* |
| --- |
| Mistérios: Lwa, Santos, Anjos |
| Ancestrais |
| *Ghedes* |
| Vivos |

Os fiéis encarnados não escolhem os Loas que cultuam, mas são por eles escolhidos. Ao contrário da ideia que o preconceito acalenta, a teologia Vodu é bastante sofisticada. A alma, por exemplo, é dividida em cinco partes: *Gro Bon Anj, Ti Bon Anj, Me Tet, Nanm e Zetwal.*

O *Gro Bon Anj*, cuja tradução literal é grande anjo bom, é a centelha vital, a partícula divina que nos mantém vivos. É o que, no esoterismo, recebe a denominação de duplo etérico. Melhor explicando, o corpo físico, veículo da consciência com o qual cada pessoa mais tem contato enquanto submersa no inevitável fenômeno da encarnação no universo material, apresenta uma contraparte muito sutil, invisível a olho nu, e, talvez por isso mesmo, ainda não identificada pela ciência moderna. Ele se mostra constituído de uma modalidade de energia bastante sutil, mas nem por isso de uma qualidade tal que possa ser considerada espiritual; trata-se de uma energia pertencente à dimensão física e, consequentemente, a sua própria natureza material torna esse corpo de energia sutil um veículo efêmero da consciência, que se desintegra, mais ou menos completamente, por ocasião da morte da organização física. Também integram o *Gro Bon Anj* as camadas mais grosseiras do corpo astral, também conhecido como alma, corpo espiritual, psicossoma, perispírito e mediador plástico.

O *Ti Bon Anj*, literalmente, pequeno anjo bom, é o princípio imortal do ser humano, no qual residem a memória e a vontade. É essa parte que se apresenta a Deus e aos Loas após a morte e que reencarna.

*Me Tet*, minha cabeça, é o anjo guardião ou o que a tradição esotérica chama de Eu Superior. É o *Me Tet* que auxilia o *Ti Bon Anj* a planejar sua nova encarnação e que o auxilia, uma vez encarnado, a cumprir as tarefas a que se propõe.

O *Nanm* é o princípio vital e a vitalidade ou memória genética herdada dos ancestrais. Em termos atuais, pode ser compreendido também como o DNA. Os antigos filósofos ocidentais consideraram essa energia como a quintessência dos quatro elementos primordiais - terra, água, ar e fogo -, dando-lhe o nome de Éter. Essa mesma energia é chamada de Prâna pelos hindus, Chi pelos chineses, Ki pelos japoneses, fluido magnético para Franz Anton Mesmer, fluido vital para Allan Kardec e Orgone para Willhelm Reich, entre outras denominações.

*Zetwal*, a estrela ou o destino, reside fora do corpo, assim como uma estrela no céu. O *Zetwal* reside em um oceano cósmico com outras estrelas e zela pelo destino da pessoa. É o que a teosofia chama de Mônada. Trata-se da fonte da qual emana o Eu Superior e pouco pode ser falado a seu respeito, apenas que é o conceito metafísico mais próximo da divindade que o ser humano pode alcançar. É a centelha divina da qual falam algumas tradições.

Dois outros conceitos importantes são o *Lwa Met Tet* e o *Lwa Rasin*. O primeiro, significando "Loa da minha cabeça", é a entidade que vibra na frequência da pessoa e que mais tem pontos em comum com ela. Cada pessoa é, de certo modo, a face terrena do seu *Lwa Met Tet*. Já o *Lwa*

*Rasin* é ligado à sua linhagem sanguínea, aos ancestrais. Ele pode ser um espírito ligado à terra em que a família habita ou habitou ou, ainda, um dos ancestrais fundadores da família. Por exemplo, integrando uma família de origem negra ou indígena, a pessoa poderá ter como seu *Lwa Rasin* o espírito de um índio ou de um africano.

Por fim, resta tratar brevemente dos *Wonsinyon*, que são os espíritos que acompanham o *Lwa Met Tet* e que de alguma forma modificam a sua frequência. Esses espíritos não são propriamente os ancestrais da pessoa, mas espíritos fortemente vinculados a ela. Traçando-se um paralelo com a Umbanda, a fim de simplificar a compreensão dos conceitos aqui expostos, muito embora não seja possível fazer uma transposição exata entre eles, pode-se considerar o *Lwa Rasin* o guia espiritual, aquele responsável pela espiritualidade do médium umbandista, ao passo que os *Wonsinyon* seriam todos os demais espíritos que se manifestam através dele.

Um voduísta, portanto, pode ter *Agwe* como seu *Lwa Met Tet*, mas, ao mesmo tempo, ser possuído frequentemente por *La Sirene*, *Erzulie* ou *Ogoun* (ou por todos eles). Ainda assim, o *Lwa Met Tet* sempre será o líder dos espíritos que convivem mais diretamente com aquele determinado fiel.

# A ESTRUTURA DO CULTO TRADICIONAL

A despeito da sua riqueza cultural e étnica, o Vodu é um culto simples, estruturado por gente simples e carente de recursos financeiros suficientes para se permitir a complexidade ritualística encontrada em alguns outros cultos e religiões da diáspora africana. O templo voduísta, chamado de *ounfò* ou *honfour* consiste em uma estrutura singela, embora ricamente decorada com tudo o que a veia artística inerente ao povo haitiano pode conceber: basicamente, um *ounfò* consistirá num local coberto por um teto ou telhado, contando ou não com paredes, e num outro espaço ao ar livre.[7]

A parte coberta é chamada de peritistilo (*péristyle*), no qual sempre se encontrará um mastro central relevantíssimo para o culto, denominado *poteau-mitan*, o qual representa, simbolicamente, uma árvore cuja copa toca o céu e cujas raízes se estendem ao submundo. Frater Vameri (2020), num texto específico sobre o tema, assim descreve o *poteau-mitan*:

> *O poteau-mitan é um poste central apoiado em uma base chamada de Pe. Este poste é a ligação entre*

---

[7] Na zona rural, são comuns os templos sem paredes, o que não se verifica, por razões óbvias, nos centros urbanos, onde, ademais, é comum dispor-se o templo abaixo do solo, a fim de garantir maior frescor.

*o mundo visível e invisível. Representa uma árvore que tem sua copa nos céus e as raízes no inferno. Geralmente é adornado com imagens de Dambalah e Ayida e outros símbolos. Entende-se que é por este poste que os Lwas "descem" e "sobem" do templo. É possível que tenha inspiração no dendezeiro, já que para os Iorubás essa árvore seria o axis-mundi. A bengala que Papa Legba carrega seria o próprio poteau-mitan, indicando a conexão intrínseca entre o mensageiro e a "ponte" entre os mundos.*

Dentro do peristilo, são encontrados, ainda, altares para os Loas Rada e Petro, mas a sua quantidade, disposição e decoração variam enormemente de casa para casa. Na verdade, à exceção do peristilo, que é um elemento essencial do culto e é encontrado em todos os templos, tudo o mais é sujeito a alterações regionais e mesmo pessoais de cada família de adeptos do Vodu. À guisa de ilustração, no Vodu dá-se o mesmo que se verifica, no Brasil, em relação à Umbanda, à Quimbanda, aos Candomblés, ao Batuque e aos outros cultos afro-diaspóricos: embora haja uma unidade mínima no culto, que sempre contará com fundamentos que lhe são essenciais, se verificarão enormes diferenças quanto a aspectos menos relevantes ou mesmo secundários. Afinal, por exemplo, já se viu algum congá de Umbanda igual a qualquer outro? Já se encontrou uma roça de Candomblé cuja decoração fosse exatamente igual à de outras roças, ainda que integrantes da mesma nação?

A respeito dessa diversidade litúrgica, bem representada nas mais diferentes versões dos altares para os Loas Rada e Petro, a exposição de Mambo Vye Zo Komande LaMenfo (2011) favorece uma compreensão mais abrangente:

> *Cada templo reflete as suas origens africanas. O altar Rada conta com uma estrutura de muitos degraus, cintilantes com cetins e vidro, cobertas com panos brancos que remetem aos seus ascendentes da realeza. Esses ascendentes falam dos ancestrais de origem africana, que eram servidos por meio da cor branca, um símbolo da sua pureza e do seu poder. Os altares Petro são violentos, vermelhos, numa bricolagem raivosa que exibe o lado da escravidão da ilha, com correntes, chicotes e apitos como parte da sua apresentação.*

Quanto ao espaço externo, geralmente circundado por árvores, ele é usado para cerimônias, quando a quantidade de adeptos não comporta a todos no interior do peristilo, para cultos aos Ghedes, vez que alguns templos estruturam seus fundamentos nesse local e não no interior do peristilo, bem como para confraternizações entre os membros da família da casa, após os rituais.

Por fim, o templo conta, ainda, com quartos contíguos ou não ao peristilo chamados de *Djevo*, destinados à reclusão daqueles que estão se submetendo aos processos iniciáticos do culto. Dizendo de outro modo, tais quartos são equiparados a câmaras sagradas onde se dará o nascimento dos novos iniciados e sacerdotes do Vodu ao fim do confinamento religioso sobre o qual se falará logo adiante.

## HIERARQUIA E RITOS DE PASSAGEM

O Vodu conta com uma hierarquia definida e com ritos de passagem estabelecidos, mas não se pode dizer que todas as casas sigam o mesmo padrão. É muito importante ter em mente, portanto, que as diferenças e variações encontradas de casa para casa de modo algum podem ser levadas na conta de desrespeito à tradição, mas sim compreendidas como parte da riqueza da religião e reflexo do princípio de que cada família é soberana em sua casa voduísta.

Como muito acertadamente pondera Mambo Vye Zo Komande LaMenfo (2011), *"é uma obviedade o fato de não haver nenhum papa no Vodu"*, pois *"essa liberdade de expressão do serviço é um princípio norteador de todos os sacerdotes Vodu"*. Assim, nada do que se exporá neste capítulo deve ser levado como uma verdade absoluta, mas tão somente como uma exposição, em linhas gerais, daquilo que pode ser mencionado publicamente a respeito dos costumes de algumas casas.

É importante notar, ainda, que pelo fato de o catolicismo estar muito imbricado com os alicerces africanos do Vodu, o calendário das casas costuma trazer elementos comuns ao ano litúrgico da Igreja Católica. Além disso, o sincretismo existente entre os Loas e os santos da hagiografia católica leva a que se comemore a festa desses santos como um dia para se servir o Loa a ele vinculado. Exemplo disso é a comemoração do Dia de Reis (os três Reis Magos) em louvor a Simbi. Por outro lado, o conceito congolês do ser humano como tendo um princípio, um meio e um fim, encontra-se expresso nos ritos de *Baptem*, *Kanzo* e nos rituais mortuários, como o *Anba Dlo* e o *Casa Canari*.

É comum encontrar-se a descrição do primeiro rito apto a tornar alguém um voduísta de fato e de direito como *Lave Tet* e mesmo como *Sevis Tet*, mas isso não nos parece completamente exato. O *Lave Tet* (lavagem da cabeça) é um rito que envolve a lavagem da cabeça da pessoa com ervas e águas específicas, ao passo que o *Sevis Tet* (serviço à cabeça) ou *Mange Tet* (alimento à cabeça) envolve a colocação de elementos dos reinos mineral, vegetal e animal na cabeça da pessoa, alimentando-a simbolicamente. Ocorre que uma pessoa pode ter a necessidade de se submeter ao *Lave Tet* e mesmo ao *Sevis Tet* sem que, necessariamente, queira iniciar-se propriamente no Vodu. Afinal, ambos os ritos são usados para tratar ou amenizar problemas físicos e emocionais, fazendo as vezes, grosso modo, do *Bori* realizado no Candomblé, o qual é administrado mesmo a não candomblecistas.

O primeiro rito de passagem do Vodu, assim, seria o *Baptem*, que compreende o *Lave Tet*, o *Mange Tet* e o *Kouche Lwa*, isto é, a lavagem e a alimentação da cabeça, bem como um período de recolhimento, normalmente de um dia. Usualmente, no *Baptem*, define-se o Loa que rege o adepto (*Lwa Met Tet*) ou se tem uma primeira impressão de qual ou quais Loas estão mais próximos dele. O adepto batizado, cuja denominação é *Hounsi*, pode permanecer nessa categoria para o resto da vida, seja porque está satisfeito em ser o servidor do seu Loa de cabeça, seja porque não está destinado a abraçar o sacerdócio.

O rito de passagem seguinte é o *kanzo*,[8] o qual envolve um recolhimento mais demorado, voltado à formação e à feitura sacerdotal, que dura 21 dias em média. Durante o recolhimento do *kanzo*, a pessoa é submetida a ritos que não podem ser aqui descritos, pois se traduzem em fundamentos internos do culto. Nas casas vinculadas à tradição do *Asson*, o chocalho ritualístico usado para a chamada dos Loas, há dois estágios sacerdotais: *Sur Pwen* ou *Sipwen*, Sacerdote ou Sacerdotisa assistente, e *Assogwê* (portador do *Asson*), Sacerdote ou Sacerdotisa que detém autoridade para ter a sua própria casa de Vodu. Frise-se que nem todas as vertentes do Vodu fazem uso do *Asson*, existindo famílias tradicionalíssimas no Haiti que não o utilizam.

Outra cerimônia comum é o *Maraj Lwa*, o casamento com o Loa. Ela se dá quando o Loa de um voduísta solicita o estabelecimento de um vínculo mais forte com ele ou quando dois Loas manifestam o desejo de se casarem, intensificando ainda mais o vínculo de família e de iniciação entre os partícipes desse matrimônio.

---

[8] Algumas casas compreendem o *Baptem* como parte integrante e o primeiro estágio do *Kanzo*.

No Vodu, a Sacerdotisa é denominada *Mambo*. *Hougan* (às vezes chamado de *Gangan*) é a denominação masculina para Sacerdote. O termo é derivado da palavra Fon *hùn gan*. A *Mambo*, juntamente com o *Hougan* conduz os rituais e invocam os Loas. O *Hougan* praticante de magia negra é chamado de *Bakor* ou *Boko*, e a *Mambo*, por sua vez, é conhecida como *Caplata*. De um modo geral, o *Boko* e a *Caplata* são considerados indivíduos à margem da sociedade voduísta, sendo considerados párias em seu meio.

Por fim, ao se concluir este breve capítulo, é preciso ter em mente que a submissão aos ritos de passagem dentro do Vodu estabelece um compromisso muito sério para com o culto e um vínculo inquebrantável entre os Loas e o adepto. Tanto um *hounsi*, quanto um sacerdote ou sacerdotisa submetem-se a juramentos severos e passam a ser servidores dos Loas, sendo que a maior diferença entre o *hounsi* e aquele que detém o grau sacerdotal é que o primeiro é servidor sobretudo do seu Loa de cabeça (*Lwa Met Tet*), ao passo que o segundo entrega-se ao serviço dos demais Loas do panteão voduísta.

# PRYE GINEN

A *Priye Ginen* é uma prece popular haitiana utilizada nas aberturas dos rituais de Vodu. A oração, ícone da simbiose entre a cosmologia cristã e africana que se desenvolveu no país, mescla elementos do catolicismo popular e de tradições provenientes da África, invocando, a um só tempo, a proteção do Deus cristão, de diversos santos católicos e dos Loas ancestrais divinizados que, conforme se crê, teriam a faculdade de se fazer presentes entre os fiéis mediante a possessão de um de seus devotos. Esta não é uma versão completa da *Priye Ginen* e presta-se a mostrar ao não iniciado como se procede essa invocação, conforme apresentada por Samantha e Matthew Corfield Durante a Convenção Voodoo de 2010, à qual traduzimos livremente:

> *Reza-se o Credo, o Pai Nosso, a Ave Maria e o Ângelus.*
> *O oficiante prossegue:*
> *L'ange de Seigneur dit a Marie*
> *Qu'elle concevoir en Jesus Christ (Jezukri).*
> *La Trinite lui a choisi*
> *Elle est conçu du Saint Esprit.*[9]
> *A congregação bate palmas dez vezes.*
> *Venez, mon Dieu, venez,*
> *Venez, mon doux Sauveur.*
> *Venez, regne en moi*
> *Au center du mon Coeur.*
> *Venez, mon Dieu, Venez.*[10]

---

9 O anjo do Senhor disse a Maria / Que ela conceberia Jesus Cristo / A Trindade a escolheu / Como um projeto do Espírito Santo.
10 Vinde, meu Deus, vinde / Vinde, meu doce Salvador / Vinde reinar em mim / No centro do meu coração.

*A congregação bate palmas dez vezes.*
*Vous qui vivez dans la souffrance*
*Faites de toujours votre devoir.*
*Ne courez pas en desespoir*
*La gloire de Dieu couronne l'esperance.*[11]
*A congregação bate palmas dez vezes.*
*Grace, Marie, Grace*
*Jesus Pardonez Nous.*[12]
*O grupo canta o próximo verso. No Voodoo de New Orleans, a canção de Atibon Legba é cantada aqui.*[13]
*Sen Pierre ouvert la porte,*
*Sen Pierre ouvert la porte pou moi.*
*Sen Pierre ouvert la porte,*
*La porte pou Paradise.*[14]
*Após este verso para São Pedro, podem-se seguir muitos outros versos, o que varia de casa para casa e são normalmente ensinados aos seus membros por ocasião da sua iniciação. Em um grupo, o oficiante chamará os nomes dos Santos e dos Loas e o grupo dará a mesma resposta todas as vezes. Primeiramente, são chamados os santos:*

---

11 Vós que viveis no sofrimento / Fazei sempre o vosso trabalho / Não corrais em desespero / A Glória de Deus coroa a esperança.
12 Graças a Maria, graças / Jesus perdoai-nos.
13 Papa Legba, abri a porta, Ago-e / Atibon Legba, abri a porta para mim / Abri a porta para mim, Papa, a fim de que eu possa entrar no templo / Quando eu voltar, agradecerei por esse favor.
14 São Pedro, abri a porta / São Pedro, abri a porta para mim / São Pedro, abri a porta / A porta para o Paraíso.

*Oficiante: Avec _____*
*Grupo: Sen Djo-e*
   *(foneticamente, san diô)*
*Oficiante: Avec _____*
*Grupo: Sen Djo-e du ko agwe*
   *(foneticamente, san diô do cô aguê)*
*Oficiante: Et Avec _____*
*Grupo: Lavi nan men bondye-o sen.*
   *(foneticamente lavi nan men bondiê ô san)*

*O texto acima é o mesmo para chamar toda a lista de Santos e Loas. O oficiante diz "estou com" ou "estamos com", o que é dito como "com" (avec) seguido do nome de cada Santo ou Loa. A resposta é um pouco mais complicada.*

*Sen Djo-e é interpretado em algumas casas como Santos e Anjos, mas há alguma controvérsia quanto à tradução, pois estas palavras são langaj, isto é, palavras cujo significado exato se perdeu.*

*Sen Djo-e du ko agwe é um pouco mais claro, significando Santos e Anjos sob as águas ou Santos e Anjos nas águas. Aqui, nesta parte da prece, a referência não é a Agwe, o grande Loa das águas, mas sim à água ela mesma - muito embora a palavra em Creole para água seja dlo.*

*Lavi nan men bondye-o sen significa "a vida está nas mãos do Bom Deus, o Santo". Quando se usa um chocalho ou asson, ele é segurado na mão direita.*

*Dieu, la Père*[15]
*Jezukri*[16]
*Saint-Esprit*[17]
*Vierge Marie*[18]
*St. Pierre*[19]
*St. Antoine*[20]
*St. Lazare*[21]
*St. Côme*[22]
*St. Damien*[23]
*St. Paul*[24]
*St. Joseph*[25]
*St. Ulrich*[26]
*St. Moïse*[27]
*St. Vincent de Paul*[28]
*St. Isidore*[29]
*St. Jacques Majeur*[30]
*Rele tout sen-gason dan lesyel.*

---

15 Deus, o Pai.
16 Jesus Cristo.
17 Espírito Santo.
18 Virgem Maria.
19 São Pedro.
20 Santo Antônio.
21 São Lázaro.
22 São Cosme.
23 São Damião.
24 São Paulo.
25 São José.
26 Santo Ulrico.
27 São Moisés.
28 São Vicente de Paulo.
29 Santo Isidoro.
30 São Tiago.

*Rele tout sen songe tou sen pa songe.*[31]
*Agora, são chamadas as santas:*
    *Oficiante: Avec _____*
    *Grupo: Sen Djo-e*
    *Oficiante: Avec _____*
    *Grupo: Sen Djo-e du ko agwe*
    *Oficiante: Et Avec _____*
    *Grupo: Lavi nan men bondye-o sen.*
    *St. Philomene*[32]
    *St. Claire*[33]
    *St. Elizabeth*[34]
    *Notre Dame de l'Immaculée Conception*[35]
    *St. Martha*[36]
    *Notre Dame de la Charité*[37]
    *Notre-Dame des Sept Douleurs*[38]
    *St. Mary Magdelene*[39]
    *Rele tout famn-sint-yo nan lasyel.*
    *Tout sent songe et tout sent pa songe.*[40]

---

31 Ouvi nossa prece todos os santos (homens) no céu / Ouvi nossa prece todos os santos nomeados e esquecidos.
32 Santa Filomena.
33 Santa Clara.
34 Santa Isabel.
35 Nossa Senhora da Imaculada Conceição.
36 Santa Marta.
37 Nossa Senhora da Caridade.
38 Nossa Senhora das Dores.
39 Santa Maria Madalena.
40 Ouvi nossa prece todas as santas (mulheres) no céu / Ouvi nossa prece todas as santas nomeadas e esquecidas.

*O verso seguinte é cantado entre cada litania quando se começa a fazer referência aos Loas:*
*Grupo: Lisa badjye / Oungan siye / Lisa Dole Zo*
*Oficiante: Eh-zo*
  *Zo li mache li mache li mache*
  *Zo li mache dol mache nan*
  *Lavi nanmen bondye o Sen-yo*
*Este verso significa que se está entrando no Reino da Guiné, enquanto o grupo se prepara para chamar os Loas. "Zo" é a palavra do Daomé para fogo. "Lisa" é a metade masculina da antiga divindade do Daomé chamada Mawu-Lisa – os Gêmeos Divinos, origem dos Marassa, os Loas gêmeos do Vodu. "Li mache" significa marchar ou andar sobre o fogo.*
  *Chamam-se os Lwa Rada:*
  *Oficiante: Avec _____*
  *Grupo: Sen Djo-e*
  *Oficiante: Avec _____*
  *Grupo: Sen Djo-e du ko agwe*
  *Oficiante: Et Avec _____*
  *Grupo: Lavi nan men bondye-o sen*
    *Legba*
    *Marassa*
    *Loko*
    *Ayizan*
    *Damballah*
    *Ayida Ouedo*
    *Sobo*

*Badesy*
*Agasou*
*Silibo*
*Agwe*
*LaSiren*
*Ezili*
*Bosou*
*Agaou*
*Azaka*
*Ogoun St. Jacques*
*Ogoun Badagris*
*Ogoun Ferraille*
*Ogoun Shango*
*Ogoun Balindjo*
*Rele tout lwa-yo dan lasyel.*
*Tout lwa-yo songe et tout lwa-yo pa songe.*[41]
*Grupo: Lisa badjye / Oungan siye / Lisa Dole Zo*
*Oficiante: Eh-zo*
*Zo li mache li mache li mache*
*Zo li mache dol mache nan*
*Lavi nanmen bondye o Sen-yo.*

Neste momento, o Reino da Morte é invocado, os Ghede e os Baron. Isso é feito entre a chamada dos Loas Rada e Petro para mostrar que os Ghede são a ponte entre Rada e Petro.

---

41 Ouvi nossa prece todos os Loas no céu / Ouvi nossa prece todos os Loas nomeados e esquecidos.

*Oficiante: Avec* _____
*Grupo: Sen Djo-e*
*Oficiante: Avec* _____
*Grupo: Sen Djo-e du ko agwe*
*Oficiante: Et Avec* _____
*Grupo: Lavi nan men bondye-o sen.*
   *Ghede*
   *Baron Samedi*
   *Baron LaCroix*
   *Maman Gran Brigitte*
   *Ghede Brav*
   *Ghede La Vie*
   *Ghede Fatra*
   *Ghede Mazaka*
   *Ghede Nibo*
   *Pou tout mort-yo ki mwen rele.*
   *Et tout mort-yo ki mwen pa rele.*[42]

Neste ponto, o toque dos tambores muda, tornando-se mais rápido, a fim de indicar que se vai entrar nos domínios dos Loas Petro. Tradicionalmente, usa-se um chocalho (tcha) na mão esquerda. Todos cantam e batem palmas:

   *Toni rele Congo*
   *Toni rele Congo*
   *Toni rele Congo*

---

[42] Por todos os mortos que eu nomeei / Por todos os mortos que eu não nomeei.

*Santa Maria gras ya*
*Aye Santa Maria ya*
*Aye Santa Maria ya*
*Aye Santa Maria ya*
*Santa Maria Gras ya*
*Toni rele Congo*
*Toni rele Congo*
*Toni rele Congo*
*Santa Maria gras ya.*

*Esses versos são sempre repetidos durante as possessões, que sempre ocorrem nesse momento.*

*Basicamente, canta-se "ouvi-nos todos no Congo" e "Viva Santa Maria", pedindo-se que ela nos dê graças e nos abençoe.*

*Agora, chamam-se os Loas Petro:*
*Oficiante: Avec _____*
*Grupo: Sen Djo-e*
*Oficiante: Avec _____*
*Grupo: Sen Djo-e du ko agwe*
*Oficiante: Et Avec _____*
*Grupo: Lavi nan men bondye-o sen*
   *Legba Petro*
   *Marassa Petro*
   *Wangol*
   *Ibo*
   *Senegal*
   *Kongo*
   *Kaplaou*

*Kanga*
*Takya*
*Zoklimo*
*Simbi Dlo*
*Gran Simba*
*Kalfu*
*Simitye*
*Granbwa*
*Kongo Savann*
*Ezili Danto*
*Marinette*
*Don Petro*
*Ti-Jean Petro*
*Simbi Andezo*
*Simbi Makaya*
*Rele tout lwa-yo dan lasyel.*
*Tout lwa-yo songe et tout lwa-yo pa songe.*[43]
*Grupo: Lisa badjye / Oungan siye / Lisa Dole Zo*
*Oficiante: Eh-zo*
*Zo li mache li mache li mache*
*Zo li mache dol mache nan*
*Lavi nanmen bondye o Sen-yo*
*Mwen soti la priere pou Mystere la yo.*[44]

---

43 Ouvi nossa prece todos os Loas no céu / Ouvi nossa prece todos os Loas nomeados e esquecidos.
44 Eu deixo as minhas preces aos Mistérios, os Lwa.

*Quer conhecer uma* *VERSÃO COMPLETA DA PRIYE GINEN interpretada pelo grupo Roots of Haiti?*

Acesse o QR-Code ao lado com o seu aplicativo preferido ou com a câmera do seu celular ou tablet e **ouça agora mesmo!**

# OS GHEDES

No Vodu haitiano existe uma classe de espíritos denominados *Ghede*,[45] considerados patronos dos cemitérios e da morte. *Ghede* é a família dos espíritos que expressam os poderes da morte e da fertilidade. Os *Ghede* são a única família espiritual (nação ou *nachon*) que pode ser cultuada por qualquer pessoa, independentemente de ter sido iniciada ou não na religião.

A origem da grande família *Ghede* é controversa. Alguns sustentam que foi *Papa Loko*, na qualidade de primeiro *hougan*, quem retirou o primeiro *Ghede* das águas da morte. Outros, dizem que o primeiro *Ghede* e originador dessa numerosa família foi o próprio Barão Samedi, do qual se falará logo adiante. Como esclarece Filan (2004):

---

45 Pode-se grafar também como Gédé ou Guédé (a fonética da palavra respeita a gramática francesa, de modo que o acento agudo "é" denota um som fechado "ê").

os antropólogos estão tão divididos quanto os próprios voduistas. Alguns estudiosos sustentam que os Ghede se originaram junto aos índios Arawak e Taino, enquanto outros acreditam que eles vieram de Gede-Vi, uma tribo africana extinta em virtude de uma guerra antes da chegada dos escravizados.

Neves[46] cita que eles surgem vestidos como agentes funerários, com velhas sobrecasacas e cartola, com o rosto coberto de pó de arroz e não raro usando óculos escuros, como o faz, por exemplo, Baron Cemitierè ou Baron Samedi (*samedi*, sábado, último dia da Criação), colocado sob o signo de Saturno e simbolizado pela cor negra. Guarda certa correspondência com o Exu Caveira. Quando chegam, dançam a banda, coreografia na qual jogam as costas para trás, mantendo o quadril projetado para dentro, enquanto fazem elipses com o baixo ventre, em uma simulação do ato sexual. Não raro, o *Ghede* porta um cajado que guarda características explicitamente fálicas. Sua voz é anasalada e gosta de fazer piadas, sempre de conotação sexual. Sexo e morte, Eros e Thanatos, são as forças simbolizadas e manifestadas nos *Ghedes*. Eles apreciam bebidas picantes, como o *Piman*, uma mistura de rum e vinte e uma variedades de pimentas fortíssimas. Para provar a possessão completa do cavalo (como é chamado o voduísta em transe), eles costumam esfregar essa mistura nos olhos e nos

---

46 NEVES, Maria Cristina. Do Vodu à Macumba. São Paulo: Tríade, 1991.

genitais, o que causaria uma dor lancinante em qualquer um que não estivessem em estado alterado de consciência.

O dia dos *Ghedes*, 2 de novembro, Dia de Finados, é feriado nacional no Haiti, celebrando-se uma grande festa, *Fèt Gede*, na qual inúmeros *Ghedes* circulam pelas ruas brincando e bebendo em perfeita possessão sobre seus cavalos. *Papa Ghede* é considerado o cadáver do primeiro homem que morreu. Ele é reconhecido como um homem negro alto, chapéu na cabeça, um cigarro em sua boca e uma maçã na mão esquerda. É um psicopompo[47] que espera nos cruzamentos para tomar as almas na vida após a morte e também tem o poder de curar e afastar a morte.

É importante diferenciar os Loas (*Lwa*, em Creole) dos *Ghedes*. Os primeiros são manifestações das leis divinas, aspectos de Deus (*Le Bon Dieu* ou *Bondyê* no Haiti), algumas vezes considerados anjos intermediários entre o divino e o humano (*Les Anges* ou *Zanj*), ao passo que os segundos são espíritos de pessoas que um dia viveram na terra. Ao se deparar com um morto manifestado em seus rituais mediante a possessão de um adepto, os voduístas costumavam dizer: "não estamos diante de um Loa, mas de um mistério!". Daí veio o costume de se chamar os *Ghedes* de Mistérios ou *Mistès*, em Creole.

Os *Ghede* estão intimamente associados com o Ghede Barão, cujos aspectos são Barão Samedi (*Bawon*

---

47 Psicopompo é a palavra que tem origem no grego *psychopompós*, junção de *psyché* (alma) e *pompós* (guia), designa um ente cuja função é guiar ou conduzir a percepção de um ser humano entre dois ou mais eventos significantes.

*Samedi*), Barão da Cruz (*Bawon La Kuá* ou *Baron La Croix*) e Barão do Cemitério (*Bawon Cimitiè* ou *Baron Cemitière*). Dependendo da tradição seguida, Barão pode ser um dos *Ghede*, o seu protetor espiritual, pois os levanta dentre os mortos com a ajuda do Barão Samedi e de sua esposa *Maman Brigitte* ou, ainda, um aspecto de *Ghede*. Ainda assim, os barões manifestam-se usualmente de maneira mais séria do que os *Ghedes*, que são considerados por alguns como suas "crianças". De todo modo, em qualquer uma destas configurações, Barão, *Maman Brigitte* e os *Ghede*, o seu domínio é a morte, o cemitério e a sepultura. Usualmente, o túmulo do primeiro homem e da primeira mulher enterrados em um cemitério simbolizam os túmulos do Barão Samedi e de *Maman Brigitte* respectivamente. Outros dentre os *Ghedes* mais conhecidos são *Ghede Nibo, Brav Ghede, Ti Mazka* (que se manifesta como uma criança*)*, *Ghede Plumaj, Ghede Zaranyen* (cuja forma é uma aranha), *Ghede Souffrant, Ghede Nouvavou.*

Mambo Vye Zo Komande La Menfo (2011) assim explica a diferença entre os Ghedes e os Barões:

> *Diferentemente de Papa Guédé, o Barão não se envolve com cura ou afastamento da morte. Ele é a própria Morte e, portanto, ele não tem nenhum interesse nos vivos, senão quando passam por suas mãos a caminho do outro lado. Contudo, o Barão tem um importante papel nos reinos mágicos do universo Vodu. Ele controla os portões da morte. Nenhum Guédé pode*

*entrar nesse reino sem a expressa permissão do Barão. Muitas vezes, o Barão é chamado para levar consigo o Guédé indisciplinado que aparece no final da noite para fumar e beber.*

*Vévé de Barão Samedi*

Já Frater Vameri (2019), a respeito do célebre Barão Samedi, sincretizado com São Geraldo Magela, São Gabriel Arcanjo e Santo Expedito, assim explana:

> *No Vodou, o Barão Samedi é uma das expressões da morte. Tradicionalmente, acredita-se que ele se manifesta por meio do primeiro homem morto enterrado em um cemitério. É um Lwa mais sério que os demais Ghedes (de fato, todos os Barões são mais sérios), geralmente jocosos e irreverentes. Suas vestes, com o terno ou smoking e cartola já denotam sua autoridade. Além disso, detalhes de sua indumentária*

*denunciam sua estreita ligação com a Maçonaria, o que também contribui para sua aura de autoridade e sobriedade. Não podia ser diferente, já que este espírito é a morte em si e nem tanto um morto. A morte é inevitável e sempre um assunto a ser tratado com respeito. Nem por isso, entretanto, suas possessões são sempre cerimoniosas. O Barão pode se apresentar de maneira irreverente, só não tão irreverente quanto os demais Ghedes, talvez.*

*Maman Brigitte* é um Loa da morte. Ela protege as lápides nos cemitérios, se forem devidamente assinaladas com uma cruz. A ela, os voduístas recorrem quando querem, de algum modo, fazer justiça. No sincretismo religioso com o Catolicismo é associada com Maria Madalena.

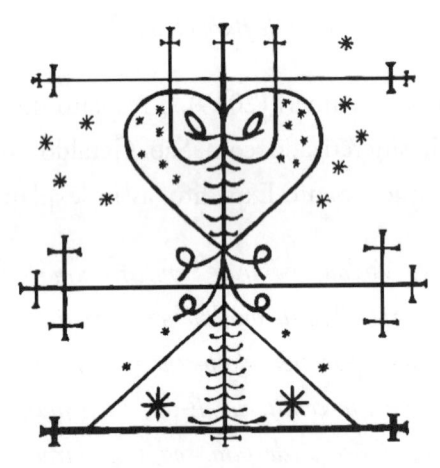

*Vévé de Maman Brigitte*

Acerca de Maman Brigitte, Frater Vameri (2019) pontua:

> *Como esta grande mãe da morte, Brijit é também uma das juízas do Vodou. Ela age em causas de justiça e de resoluções, o que parece uma face muito oportuna, já que as lendas de julgamentos na hora da morte são abundantes. Além disso, não há maior equalizador do que a morte – e essa é uma das grandes lições que podemos aprender com os Guédé.*

Milo Rigaud (2001), por sua vez, tece as seguintes considerações sobre algumas das práticas mágicas associadas a Maman Brigitte:

> *A clientela de Maman Brigitte é constituída principalmente por pessoas que estão constantemente envolvidas em disputas com seus amigos e vizinhos, pessoas que sempre têm inimigos e estão continuamente envolvidas em discussões.*
>
> *No caminho para o cemitério, a fim de consultar o "mistério" (tido como "o mais antigo dos mortos", portanto, o mais sábio), o cliente corta o caule de uma bahayonde (árvore conhecida, no Brasil, como algarobeira[48]) antes de se colocar diante de um olmo. Enquanto corta o caule, ele diz: 'em nome de*

---

48 Algarobeira (*Prosopis juliflora*) é uma espécie arbórea da família *Fabaceae*

*Mademoiselle Brigitte'. Ao chegar na árvore, ele pronuncia as seguintes palavras com ares de grande autoridade: 'Mademoiselle Brigitte, eis o chicote que "fulano de tal" cortou para atacá-la' (Implicação ... golpear seu servo que é um com você mesma, uma vez ele é seu filho). Eu trago-o a você para que possa ensinar-lhe a lição que merece.*

*Se alguém deseja causar discórdia entre duas pessoas, a prece deve conter as seguintes palavras: ... para que não deixe que A se reconcilie com B ou C.*

Outro aspecto interessante notado nas vestimentas dos barões, principalmente do Barão Samedi, é a presença de símbolos maçônicos. Com efeito, o Vodu haitiano foi muito influenciado pela maçonaria trazida pelos colonizadores franceses e por movimentos esotéricos oriundos da França dos séculos XVIII e XIX, como o Rosacrucianismo e o Martinismo. Assim, paralelamente ao Vodu popular, surgiram inúmeras sociedades secretas voduístas que mesclavam o Vodu a correntes esotéricas e gnósticas. Uma das mais célebres dessas sociedades secretas, ainda hoje em atividade, é *La Couleuvre Noire* (A Cobra Negra), fundada por Lucien-François Jean-Maine a partir das suas iniciações em diversas sociedades iniciáticas francesas pelas mãos do célebre ocultista Papus (Gerard Encausse) e dos seus altos conhecimentos de Vodu exotérico e esotérico. Posteriormente, seu filho, Hector-François Jean-Maine, deu continuidade à obra do pai, sendo que, hoje, *La Couleuvre Noire* é liderada pelo norte-americano Michael Bertiaux.

Ainda no Vodu haitiano encontramos Papa Legba (guardião das encruzilhadas), intermediário entre os Loa e a humanidade. Embora Papa Legba não seja um *Ghede*, ele é seu oposto simbólico, pois de um lado, os *Loa Guede* personificam a morte, ao passo que do outro, Legba personifica a vida, como esclarece Milo Rigaud (2001).

Legba, na África Ocidental, é um Vodun[49] precursor. É o Vodun do bem e do mal, o senhor das encruzilhadas e dos caminhos. Geralmente assentado na entrada da aldeia, afasta todos os maus espíritos. É invocado antes de qualquer cerimônia para garantir a calma e o bom andamento do ritual. É sempre representado em um montinho de terra e com atributos sexuais acima das medidas normais. Entre os Fon e os Éwé, Legba possui aspecto predominantemente fálico, e seus iniciados, os Legbasi, transportam os sacra de Legba (assentamento), composto de um complexo aparato – com cabaças e esculturas fálicas.

O Legba guardião dos templos, das aldeias e casas particulares, montado na forma de um montículo de barro de onde emerge um grande falo ereto, é eminentemente uma Agbo-Legba (entidade coletiva), porém, é conhecido também o Assi-Legba (Legba feminino), que é assentado e cultuado para proteger as mulheres e as crianças da comunidade. Para os Fon, a mulher de Legba é Awovi. No Haiti,

---

49 Vodun é outro nome que se dá aos Loas.

é sincretizado com São Lázaro e em New Orleans, com São Pedro. Em suma, os *Ghede*, que vêm das águas da morte, simbolizam a fertilidade física, enquanto Legba, que vem da terra seca, simboliza a fertilidade virginal.

No Haiti, Papa Legba é o dono das encruzilhadas espirituais e dá (ou nega) permissão para falar com os espíritos. Ele é o Portal e é sempre o primeiro e o último espírito invocado em qualquer cerimônia, porque a sua autorização é necessária para qualquer comunicação entre os mortais e os Loas. Papa Legba é o responsável por levar os pedidos e as oferendas aos deuses do Vodu. É um grande comunicador e fala todas as línguas da Terra e dos deuses. Somente ele possui o poder de abrir a porta para deixar os outros espíritos entrarem no mundo humano. Todas as cerimônias começam com uma oferenda a Papa Legba, porque assim ele pode abrir a porta e deixar os espíritos passar. Suas cores são o vermelho e o preto. Papa Legba é também conhecido como *Legba Atibon* e *Ati-Gbon Legba* (Velho Bom Legba). Diogo Quiareli (2018) cita:

> *Embora as pessoas tenham medo dele, Papa Legba é uma figura benevolente e paternal. Não é preciso muito para poder apaziguá-lo. Papa Legba não é um espírito exigente, embora seja considerado um trapaceiro e amante dos enigmas. Mesmo sendo um bom comunicador, gosta de lidar com a incerteza e a confusão. Suas mensagens muitas vezes são distorcidas ou mal compreendidas, isso porque ele se mantém em*

*uma encruzilhada entre a certeza e incerteza. Embora seja medonho e retratado como um demônio Papa Legba é um bom ser e bastante bondoso.*

*Ele age como intermediário entre os Loas e a humanidade. Papa é como uma encruzilhada espiritual e dá a permissão para falar com os espíritos. Os praticantes de Vodu haitiano acreditam que existe um criador supremo, chamado de Bondye, que pode ser traduzido como "Bom Deus". Esse criador não intercede em assuntos humanos, por isso usa os espíritos subservientes, que agem como intermediários entre ele e o mundo. Isso é o que Papa Legba é. Acredita-se que ninguém jamais conseguirá atingir o seu nível de espiritualidade.*

*Adeptas do Culto de Papa Ghede, vestidas à caráter*

Uma canção popular diz:

*Papa Legba, abra o portão para mim, e me dê licença*
*Papa Legba, abra o portão para mim*
*Abra o portão para mim, Papa*
*Para eu passar, quando eu voltar eu vou agradecer aos Loas!*

Usualmente, Papa Legba é oferendado com café, tabaco picado, milho torrado, amendoins, cana de açúcar, azeite de dendê, gim e rum.

*Cena de Vodu na República Dominicana*
*Arte de John Clark Ridpath (Século XIX)*

## Zumbis: mito ou realidade?

Quando o tema Vodu vem à baila, uma das primeiras imagens que acodem às mentes das pessoas é a do zumbi, um cadáver reanimado magicamente para ser utilizado em trabalhos braçais nas plantações haitianas. A maioria das pessoas, relegando essa figura às lendas locais, esboçará um sorriso educado, misto de pena e desprezo, ao saber que os haitianos ainda hoje asseguram a existência dos zumbis, menos por neles crerem do que por conviverem efetivamente com o fenômeno. Mas, afinal, é o zumbi mito ou realidade?

A resposta a essa pergunta não é simples, mas poderia ser assim sintetizada: nem uma coisa, nem outra. Na década de 1980, o etnobotânico Wade Davis passou três anos no Haiti estudando o fenômeno zumbi. Após várias peripécias narradas no seu livro *A serpente e o arco-íris* (1986), ele descobriu que o processo de zumbificação não passava de uma terrível técnica de envenenamento de que se utilizavam os *bokors* (feiticeiros) e as sociedades secretas locais como forma de vingança.

Basicamente, o veneno era feito com a toxina de um peixe local, ervas venenosas e outros elementos orgânicos como ossos de animais e humanos. A principal toxina presente na mistura, a tetradoxina, é 160 mil vezes mais potente do que a cocaína. Transformado em pó, o veneno era soprado no rosto da vítima que, ao aspirá-lo, passava a sofrer quase imediatamente um processo de embotamento cerebral que culminava em um estado comatoso de morte aparente. A vítima era velada como se estivesse morta e enterrada no cemitério local, embora de maneira tal que ainda houvesse algum oxigênio disponível. Na noite do mesmo dia, o *bokor* conduzia uma cerimônia na qual, simbolicamente, ressuscitava a vítima aplicando-lhe uma substância que a reanimava. O dano cerebral causado, contudo, era permanente: o recém-criado zumbi, completamente estupidificado, cumpriria as ordens do seu senhor e realizaria toda a sorte de trabalhos braçais.[50] Nas palavras do próprio Davis (ASSIS, 2010):

> *O que minha pesquisa tenta sugerir não é que exista uma linha de produção de zumbis no Haiti, mas que o conceito se baseia em algo real. Na lenda um zumbi é alguém que teve sua alma roubada por um feitiço e que fica capturado em um estado de purgatório perpétuo e que acaba sendo mandado para trabalhar como escravizado em plantações. Hoje sabemos que não há nenhum tipo de incentivo para criar uma força de escravos-zumbis no Haiti, mas dada a história colonial aliada à ideia de perder a sua alma – o que significa perder a possibilidade de ter uma morte*

---

50 A tese de Daves vem sendo contestada e considerada mesmo fictícia, pois o potencial venenoso da receita por ele divulgada não seria capaz de causar todo o dano cerebral descrito. Para um ponto de vista diferente, remetemos o leitor ao artigo "Zombies and Tetrodotoxin", de Terence Hines.

*digna para o voduísta –, tornar-se um zumbi é um destino pior do que a morte. É por isso que no Haiti não se teme os zumbis, mas se tornar um zumbi.*

*O que minha pesquisa faz é perguntar quais são as ramificações dessa ideia. Seria possível existir um veneno que fizesse as pessoas aparentarem estar mortas para depois tornarem ao mundo dos vivos? Se isso existisse, talvez tivesse implicações médicas importantes. Esse veneno foi citado na literatura e nas lendas do povo, e há de fato um veneno no Haiti que tem um ingrediente que sabemos cientificamente que pode fazer precisamente isso: fazer alguém parecer que está morto, mesmo que esteja vivo. Mas fui procurar a base química do evento e acabei explorando o lado social, psicológico, político e cultural das possibilidades químicas. Sabemos de sociedades secretas na África Equatorial que, por uma função política tradicional, punem as pessoas com venenos. No Haiti também há sociedades secretas no campo que aparentam ter uma função política e que fazem a mesma coisa. Minha conclusão foi que a noção de zumbi, como sendo um destino pior que a morte, era de certa forma a punição maior para quem violasse as regras de uma cultura tradicional.*

Um dos casos estudados por Wade Davis foi o de Clairvius Narcisse, um homem que foi reconhecido como morto e enterrado na presença de amigos e familiares, mas que foi encontrado vagando décadas depois. Recolhido a um hospital, Narcisse contou que sua zumbificação fora contratada junto a um *bokor* por seu próprio irmão, que queria ficar com as terras da família. O relato de Wade Davis fez tanto sucesso que, em 1987, o conhecido diretor Wes Craven dirigiu um filme baseado no livro homônimo, *The Serpent and the Rainbow*, mas lançado no Brasil como o nome nada feliz de *A Maldição dos Mortos-Vivos*.

### Quer ouvir mais canções tradicionais do Vodu Haitiano?

Acesse o QR-Code ao lado com o seu aplicativo preferido ou com a câmera do seu celular ou tablet e **ouça agora mesmo à playlist que preparamos especialmente para você!**

# Os Loas Rada e Petro

No Vodu, há uma hoste de seres espirituais chamados anjos, ancestrais, espíritos, Mistérios e Loas. Esses seres transmitem a vontade e o governo de Deus e fazem a ponte na comunicação entre os homens e o divino. Alguns deles não são humanos, outros já foram humanos e outros ainda estão muito além da compreensão humana. Os Loas manifestam-se através da possessão e dos sonhos, dividindo-se em dois grandes grupos chamados *Rada* e *Petro*.

Rada é a maior família de Loas no Vodu haitiano e no *Règlement*, isto é, na regra que rege os rituais voduístas, eles vêm em primeiro lugar. Ela inclui espíritos benevolentes relacionados aos voduns da África Ocidental. Os Loas Rada vêm da África Ocidental, incluindo as tribos de Arada, Daomé, Senegal, Ibo e Congo. Eles são vistos como benevolentes, frios e doces. Suas oferendas costumam levar animais brancos, melado, *sirop d'orgeat* (xarope de amêndoas) e outros itens doces. O ritmo do serviço Rada, acompanhado pelo *Asson*, é mais lento e suas canções aproximam-se mais do aspecto de preces cantadas.

Seguem-se, no *Règlement*, os Loas Petro, considerados mais agressivos, os quais estão ligados ao Novo Mundo, pois nasceram na Ilha do Haiti. Atribui-se esse nome ao escravizado Dom Pedro, que teria criado esse estilo de serviço. Os Loas Petro são conhecidos como Loas quentes, mas é incorreta a noção distorcida por vezes divulgada de que seriam espíritos malignos. Eles apenas são mais agitados, sua ação é mais rápida e são mais perigosos de se lidar, pois são menos flexíveis e menos tolerantes que os Loas Rada. Os Loas Petro são feiticeiros poderosos, ferozes e costuma-se lidar com eles com precaução.

Maya Deren observa que enquanto os Loas Rada representam poderes protetivos, os Loas Petro são os patronos da ação agressiva. O ritmo do serviço Petro, acompanhado pelo maracá, é mais rápido e sincopado e é acompanhado pelo estalar de chicotes, assobios e pelo estouro de pólvora.

# RADA

## Papa Legba

Papa Legba, também conhecido como *Atibon Legba*, é o guardião do portal que separa o mundo visível do mundo invisível. Sem ele, não é possível qualquer comunicação entre os planos físico e espiritual, de maneira que *Legba* é sempre o primeiro Loa a ser reverenciado e servido no *Règlement*. Ele também é o mediador entre Deus (*Bondyê*) e todos os outros Loas. Como observa Frater Vameri (2020), *"ele é tão fundamental que até mesmo nas cerimônias que um servidor conduz de maneira íntima e solitária, em casa, Papa Legba precisa ser o primeiro a ser saudado"*, pois *"sem as bênçãos de Papa Legba, nem a conexão mais direta com um Lwa pessoal de um servidor será possível."*.

*Vèvè de Papa Legba*

Representa o Sol, a luz que ilumina o mundo, sendo considerado o mais importante e poderoso dentre todos os espíritos. Seu papel de sentinela confere-lhe as chaves do *poteau-mitan*, o mastro central presente em todo *ounfò* (templo voduísta), dos reinos invisíveis, e por isso é também conhecido como Gran Chemin (grande caminho). A respeito de *Papa Legba* (assim como de *Erzulie*, de quem se tratará logo adiante), Milo Rigaud (2001), erudito escritor aclamado pela sua visão esotérica do Vodu tece interessantes considerações:

> *Legba, a origem e o homem prototípico do Vodu, é o Sol que preside os ritos, ao passo que Erzulie, a origem e a mulher prototípica, é a Lua. Legba é o Cristo; Erzulie, a Virgem. Os demais mystères seguem-se segundo a ordem hierárquica. Na sua manifestação exterior, Legba é retratado como um homem que asperge água no solo. Ele é a divindade reconhecida naqueles adeptos que, no início de cada cerimônia, aspergem o solo com água. Erzulie é representada como uma mulher negra de origem etíope. Ela é necessariamente negra, uma vez que ela é queimada por seu marido, o Sol. O aspecto oculto disso é facilmente compreendido: essa mulher, muito negra e muito bela, é identificada, na tradição afro-judaica, com a negra e bela Rainha de Sabá. Assim, a serpente, Ainda-Wédo, vista nas paredes do oum'phor é reconhecida, no processo de sincretismo religioso, como a rainha etíope que visitou Salomão, o construtor do Templo. Mediante essas ilustrações, a origem astrológica do culto Vodu e as suas áreas de influência religiosa ao redor do mundo podem ser explicadas muito facilmente.*

Naturalmente, a despeito da sua atribuição solar, *Papa Legba* não deixa de carregar aspectos mercuriais, pois assim como o Hermes e o Mercúrio da mitologia greco-romana, é o intermediário entre os homens e os deuses. As virtudes atribuídas a *Legba* são a humildade, a sabedoria e a comunicação, sendo representado tradicionalmente como um homem muito velho, que manca e usa bengala ou muletas. Tradicionalmente, considera-se que *Legba* manca porque tem um pé no mundo físico e o outro no mundo dos espíritos. Suas cores são o branco e o vermelho e seus símbolos são as chaves, a bengala e as muletas.

*Bandeira tradicional Vodu representando Papa Legba, criada pelo artista Alcide (reprodução de imagem da internet)*

*Papa Legba* gosta de café forte e tabaco para o seu cachimbo. Aprecia, também, galinha e bode na brasa, batatas doces, bananas, frutas frescas em geral e doces. A tradição associa a *Papa Legba* São Lázaro e São Pedro, o primeiro porque é visto como um homem de idade usando muletas e o segundo, porque costuma ser retratado carregando as chaves do céu nas mãos.

## Marassa

Os Marassa, os gêmeos sagrados, são crianças divinas e são mais antigos do que os outros Loas, exceção feita a Papa Legba. Eles habitam entre os mundos, repletos de amor divino. Segundo Milo Rigaud, eles são o Amor, a Verdade e a Justiça, bem como o mistério da união entre a terra e o céu. Também representam abundância, bênçãos e todos os mistérios divinos. Sem os Marassa, nada vem à existência.

A palavra *Marassa* deriva do kikongo *Mabassa*, que significa "aqueles que vêm em par". Juntamente com os *Marassa*, vem *Dosu* ou *Dosa*, a criança nascida após o parto de gêmeos.

Oferece-se a eles café adoçado, doces, bananas fritas açucaradas, arroz com feijões vermelhos, arroz cozido com leite de coco e temperado com canela, tudo aos pares.

Embora sejam dois, o fato de aparecerem sempre unidos a *Dosu*, em uma figuração muito assemelhada a

Cosme, Damião e Doum da Umbanda, faz com que o número a eles atribuído seja o três. Suas cores são o azul claro e o rosa claro. No culto Rada, são sincretizados com Cosme e Damião, ao passo que no culto Petro estão associados às Três Virtudes (Fé, Esperança e Caridade) e às Três Rainhas Egípcias.

*Vèvè de Marassa*

A respeito desse aspecto trino dos *Marassa*, Frater Vameri traz importantes considerações:

> *Pressley-Sanon chama a atenção para o fato de que depois dos gêmeos (Marasa) é importante que venha um terceiro elemento – um filho depois dos gêmeos. Neste caso, não podemos perder de vista que podemos estar falando de trigêmeos (Marasa twa). Ou seja, nascem os dois gêmeos e depois vem um terceiro elemento. É preciso considerar que o terceiro elemento é fundamental, pois ele é o nascimento da complemen-*

taridade: ou seja, ele é uma representação da criação. Aqui, as alegorias com a própria criação da vida, na qual dois se somam para gerar um terceiro são evidentes.

Esta fórmula de um mais um gerando três é o que expressa o conceito dos Marasa. Assim, vemos claramente que representam a expansão e o crescimento. Como já escrevi, também representam a criação. Por isso, os Marasa têm um lugar especial dentre os Lwas.

Os Marasa são considerados muito poderosos e são servidos logo depois de Papa Legba (às vezes logo depois também de Papa Loko e Ayizan). Alguns praticantes consideram que os Marasa foram criados antes de Legba, mas como ele abre os portões – é preciso servi-lo primeiro.

Embora sejam representados como crianças, os *Marassa* são velhíssimos e muito grandes e poderosos para conseguirem se manifestar pela possessão. Sua importância é tamanha na religião que se considera existir uma trindade voduísta: os *Marassa*, os Loas e os ancestrais.

# Papa Loko

Papa Loko, o Loa da cura, é o pai dos iniciados, o juiz justo e curador do templo. Ele ocupa papel preponderante na iniciação das *Mambos* e dos *Hougans*, pois ele é quem confere o *Asson*, o chocalho ritualístico que distingue o detentor do mais alto posto iniciático no Vodu.

Sendo um dos Loas antigos, o *Hougan* primordial, carrega conhecimentos sobre folhas e ervas, remédios e curas. *Loko* também é reconhecido como um espírito aéreo e se diz que ele voa nos ares como uma borboleta, o que lhe dá a capacidade de entrar nos lugares sem ser notado e ouvir as conversas das pessoas. Sendo conhecedor de todos os diálogos travados entre os seres humanos, *Loko* é perito em emitir julgamentos e solucionar disputas.

*Vèvè de Papa Loko*

É interessante notar que os índios Taino chamavam a si mesmos de *Loko-no* ou filhos de *Loko*, o fundador mítico da nação Arawak, na qual se originou o próprio uso do *Asson* segundo algumas fontes, embora outras o associem à realeza, empunhado tão somente pelos descendentes da casa real do Daomé (atual Benim). Ainda assim, alguns especialistas sustentam que a origem desse Loa é africana, defendendo que, no Daomé, *Loko* seria um dos ancestrais reais, servido apenas pelos reis-sacerdotes que governavam o povo.

*Asson no acervo do ICOM - International Council of Museums Disponível em https://icom.museum/en/object/ritual-maraca-asson-and-bell-19th-20th-century-asson-29-x-10-cm*

As cores de *Papa Loko* são o branco, o dourado, o amarelo e o verde claro. É associado a São José, vez que, assim como o Santo foi o pai de Jesus, o maior iniciado da tradição judaico-cristã, *Loko* é o pai de todos os iniciados. *Papa Loko* bebe *kleren* (um tipo de rum artesanal haitiano), cerveja e café açucarado. Suas oferendas são azeite de dendê, pipoca, arroz com vários tipos de feijão, arroz com cogumelos e sopa de abóbora. Essas oferendas são colocadas na *latanier*, uma sacola feita com folhas de palmeira e pendurada na sua árvore sagrada, a mafumeira (*Ceiba pentandra*).

Sendo *Papa Loko* o Senhor do *Asson*, vale trazer mais algumas informações a esse importante objeto de poder nas casas voduístas que o utilizam, mostrando-se relevantes as considerações tecidas por Frater Selwanga (2020) sobre o tema:

> *O chocalho sagrado do Vodou, o asson, preso com contas e contendo segredos é hoje o objeto sagrado que identifica o houngan e a mambo do Vodou. O asson como símbolo do houngan e da mambo asogwe, entretanto, é um testemunho à importância da creolização já que o asson originalmente era um símbolo da realeza e era empunhado por poucas pessoas. Este grupo seleto de pessoas eram aqueles que descendiam da linhagem real do Daomé (Benim). A oralidade conta que estes sacerdotes, que se entende que eram 21 em número, eram reconhecidos por uma ferramenta espiritual que carregavam consigo que era chamada de asogwe. O asogwe era um chocalho de cabaça, o mesmo chocalho de cabaça que hoje chamamos de asson, uma palavra que significa uma rede de contas. Foram estes 21 sacerdotes que organizaram as formalidades do fatídico sevi em Bwa Kayman em 1791 que foi liderado por Boukman Dutty e Cecile Fatiman e que disparou a batalha revolucionária pela independência que durou 13 anos.*

*A história do asson no Vodou é um testemunho à beleza da generosidade espiritual, à vontade de se preservar a memória e à ausência de egoísmo espiritual por meio do oferecimento do fogo real do asson como um meio de acordar aqueles poderes reais em pessoas distantes em memória e legado da Guiné. Foi esta atitude que de deu status igualitário em importância aos Lwas Rada, os Lwas originais da África e aos Lwas Petwo, as forças espirituais que se formaram no novo mundo, no Vodou Asogwe Haitiano. O Vodou é fogo e o Vodou é água. O Vodou é óleo e vinho fusionados alquimicamente, uma impossibilidade feita possível por meio da dança estrelar dos Lwas lançando-se pela teia do mundo como contas, vértebras e segredos... portanto, naturalmente, quando o asson é balançado, os Lwas também o são e quando os Lwas são balançados, nós também somos. Somos balançados para dentro da memória da Guiné que nos infunde com a sabedoria secreta que nos permite mexer no caldeirão de água até que este se inflame!".*

## Ayizam

*Ayizam*, ao formar par com *Papa Loko*, é a mãe dos iniciados, a primeira Mambo, sendo vista como uma mulher muito velha vestindo um avental com vários bolsos. Ela é uma divindade antiga do Daomé e seu nome vem do povo Fon, significando terra (*Ayi*) sagrada (*Zan*). Esse Loa governa os mercados, denotando seu poder de lidar com toda a sorte de transações entre os mundos dos vivos e dos mortos.

*Vèvè de Ayizan*

Seu símbolo característico é a Palmeira Imperial, que reflete integridade e justiça, ao passo que sua folha, quando ainda fechada, simboliza pureza. Frater Vameri (2020), acerca desse Loa, assim se expressa:

> *Ayizan, além de estar à frente do ofício das Mambos, também é uma Lwa que atua no mercado (a importância do mercado para alguns povos Africanos daria um texto à parte) e também está relacionada a floresta e as plantas. Assim, suas proteções e curas, claro, terão um tanto do uso do conhecimento natural. Vemos aqui o tema claro da estreita conexão entre o*

sacerdócio e Gran Bwa, o Lwa da floresta. A mata, claro, é um lugar de mistérios por natureza e isto aponta para a indubitável natureza mágica do sacerdócio no Vodou. Neste contexto, cumpre lembrarmos que Gran Bwa é um dos mestres da magia do Vodou. Por consequência, Loko e Ayizan dividem desse poder mágico.

*Ayizam* é associada à litografia de Jesus sendo batizado por João Batista e a Sant'Ana. Seu número é o sete e suas cores são o branco e o prateado. Ela bebe cerveja ou *trempe*, bebida alcoólica feita de cana de açúcar crua temperada com ervas medicinais e aromáticas. Também fuma um cachimbo e suas cerimônias são normalmente secretas.

## Damballah

Também conhecido como *Dambala Wedo*, a serpente criadora oriunda do grande deus serpente dos Fon, simbolizado pelo arco-íris e chamado *Dan*. Essa serpente envolve todo o mundo, trazendo a cauda na boca e simbolizando unidade e totalidade, bem como expressando a sua função de ordenadora de todo o cosmos.

Na África, há dois seres vistos como uma única entidade: *Da* ou *Dan*, a serpente da terra, e *Ayida*, a serpente arco-íris. Justamente por ser uma união entre essas duas divindades, que são vistas como complementares e integrantes de um todo, outro nome desse Loa é *Dan-Ayida Wedo*. Seus atributos são a brancura, a sabedoria, a fecundidade, a abundância, a fertilidade e a chuva. O santo associado a *Damballah* é São Patrício, assim como Moisés, dada a ligação de ambos com serpentes.

*Vèvè de Damballah*

*Damballah* é servido com utensílios brancos e seus altares são cobertos de cetim branco com um crucifixo em cima. A ele são oferecidas galinhas brancas, ovos brancos, arroz branco, leite, um ovo sobre um monte de farinha branca, vinho branco, pudim de arroz, uvas brancas, coco, champanhe e Anisete. Em algumas casas, nenhuma bebida alcoólica é oferecida a *Damballah*, pois se acredita que ele não aprecia o odor do álcool, tampouco do tabaco.

## Agwé

Ele é o marinheiro dos mares, o senhor dos

oceanos. É o patrono dos pescadores, dos marinheiros e de todos que ganham a vida no mar ou do mar. É o senhor dos navios naufragados e dos tesouros que escondem.

Seus domínios também se estendem à intuição, às emoções profundas e às habilidades psíquicas. *Agwé* também comanda os ventos que sopram nos oceanos, os furacões marinhos e os maremotos. Sua representação é a de um mulato com os olhos verdes e suas cores são o branco e o azul naval. É marido de *La Sire*ne (*Lasiren*), a sereia. Servem-no uma miríade de espíritos ligados aos mares.

*Vèvè de Agwé*

O Santo que lhe é associado é Santo Ulrico e suas festas são sempre realizadas na praia, servindo-se doces e bolos sobre toalhas brancas e porcelana branca. Suas bebidas são o champanhe, o vinho branco e o café, sempre acompanhado dos mais finos *petit fours*.

# La Sirene / La Balen

*La Sirene* ou *Lasiren* (a Sereia) e *La Balen* (a Baleia) são as irmãs dos mares. *La Sirene* é uma belíssima mulher com cabelos negros e cauda de peixe, uma representação clássica da sereia mítica. Ela é feminina, encantadora e sensual. Assim como Iemanjá, ela é chamada de mãe dos peixes, mas não carrega os atributos maternais dessa divindade yorubá, sendo suas características marcantes a sedução e o encanto. Ela não come nenhum animal vivo e raramente toma algum alimento, embora algumas casas a honrem com *pâtisserie* a mais delicada. Suas oferendas preferidas são champanhe, perfume e artigos de toilette.

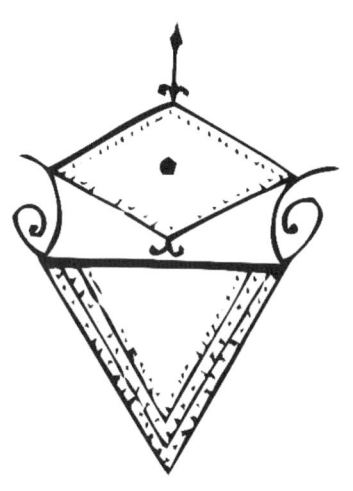

*Vèvè de La Sirene/La Balen*

Como ensina Frater Vameri (2019), "*a qualidade marítima de La Sirène pega emprestada das marés a imprevisibilidade*", de modo que ela pode ser "acolhedora como o mar calmo", mas pode ser "*implacável como as tempestades marinhas*".

A contraparte de *La Sirene* é *La Balen*, que é sua irmã negra, profundamente intuitiva, que nada nas profundezas escuras do oceano e não nas águas claras em que reina a Sereia. Quando se manifestam por meio da possessão, *La Sirene* sempre vai ao chão, onde se põe a entoar seu canto melodioso e hipnótico, ao passo que *La Balen*, também no chão, põe-se a chorar e a emitir sons que lembram aqueles das baleias.

## Erzulie Freda

*Erzulie* ou *Ezili* é uma família de Loas ou espíritos. O grande M que se encontra em quase todos os seus vèvès é a primeira letra de *Maîtresse*, amante em francês.

*Erzulie Freda*, ou simplesmente *Ezili*, uma divindade extremamente mágica e bela, cujo nome completo é realmente *Maîtresse Mambo Erzulie Freda Dahomey*. Todas estas palavras fazem referência a diferentes aspectos desta linda Loa, que é uma das divindades mais conhecidas, amadas e ao mesmo tempo difíceis de se compreender do panteão Vodu. Ela é a um só tempo poderosa e benevolente, mas também terrível e exigente ao extremo.

Ela reina sobre o amor romântico, o luxo, a sorte no jogo, a abundância, o refinamento e tudo o que está relacionado ao mundo das riquezas e do poder. Também governa os sonhos, as esperanças e as aspirações. Mais do que simplesmente ser a expressão do amor, ela é o próprio símbolo da perfeição do universo. Está associada ao frescor, à limpeza e à pureza, de forma que, ante a sua presença, nenhum veneno, magia maléfica ou maldição resistem.

*Vèvè de Erzulie Freda*

*Erzulie Freda* é conhecida como a amante, porque age mais como tal do que como uma esposa, embora seja casada com diversos Loas e goste muito de se casar com seus devotos. Ela é conhecida por ter três Loas como maridos: *Ogou Feray, Dambalah, e Met Agwe Tawoyo. Erzulie Freda Dahomey* é o aspecto Rada de *Erzulie*. Os homens homossexuais têm proteção especial dela. Ela usa três anéis de casamento, um para cada marido. Seu símbolo é um coração, suas cores são rosa, azul claro, branco e ouro, e suas oferendas incluem punhais, joias, cigarros fortes, perfumes, tortas doces, creme escuro, fina pâtisserie, vinho, rum, champanhe, rosas vermelhas, pinturas com uma mãe e um filho ou seu *vèvè*. Todas as suas oferendas são dispostas na mais fina porcelana e nos melhores copos e taças de cristal. Seu perfume favorito é *Anaïs Anaïs*, mas também aceita a Loção Pompeia, de uso tradicional no Vodu, e água de rosas. Tem muita classe e é amante da beleza e da elegância.

*Erzulie Freda* é a representação da feminilidade e da compaixão. No entanto, ela também tem uma face sombria, pois é vista como ciumenta e mimada em alguns círculos Vodu. De um modo geral, os modos franceses e a personalidade caprichosa de *Erzulie* remetem às mulheres brancas francesas que viviam em Porto Príncipe na época da colonização. Melhor dizendo, a imagem de *Erzulie* que foi sendo construída aos poucos no imaginário popular é um reflexo da visão que as haitianas escravizadas tinham das francesas que habitavam as cidades do Haiti.

Quando ela monta um devoto através da possessão, flerta com todos os homens e trata todas as mulheres como rivais. Na iconografia cristã, costuma ser associada com a Mater Dolorosa de Jerusalém, dada a sua tradicional iconografia em que Maria aparece cercada de joias. Ela nunca é capaz de atingir o mais fervoroso desejo de seu coração. Por esta razão, sempre acaba um trabalho aos prantos, pois aos seus olhos nada é jamais suficientemente perfeito.

*Mater Dorolosa de Jerusalém (1900), Sammlung Museum
Klösterli im Schloss Wyher. No Vodu, sincretizada
com Erzulie Freda
http://www.kurtlussi.ch*

Sobre as lágrimas de *Freda*, Frater Vameri (2019) tece belas considerações:

> *(...) Freda chora. Isto é fato. A razão é alvo de especulação, mas como já comentado, os entendimentos mais frequentes apontam para a insatisfação.*

*Entretanto, se ela é o feminino expressando o amor para atingir o equilíbrio, ela chora, pois a tarefa é árdua. Ela chora pelas mulheres cujo papel no mundo é central e que são tão subestimadas. Ela chora pelos homens que falham em entender como a natureza feminina é linda, forte e imprescindível. Ela chora, pois todos estamos aqui, nesta terra, sem conseguir jamais alcançar o estado de perfeição. Ela chora, pois sem a perfeição não podemos nos unir a ela verdadeiramente. Ela chora, pois ela ainda não conseguiu atingir seu objetivo. É sim uma insatisfação, mas não é vazia. A pergunta é: por qual razão não choramos junto dela?*

## Cousin Zaka

*Cousin Zaka* (Tio Zaka) é um agricultor que tem origem nas tradições dos índios Taino. Diz a tradição que ele foi o primeiro Loa a conversar com os índios residentes na ilha do Haiti. Dada a economia agrícola do Haiti, *Zaka* é um dos Loas mais populares, sendo associado a Santo Isidoro. Ele se veste como os camponeses e usa um largo chapéu para proteger-se do sol. Sempre carrega consigo um saco, onde leva seu cachimbo, tabaco, um coco, açúcar mascavo e algum dinheiro.

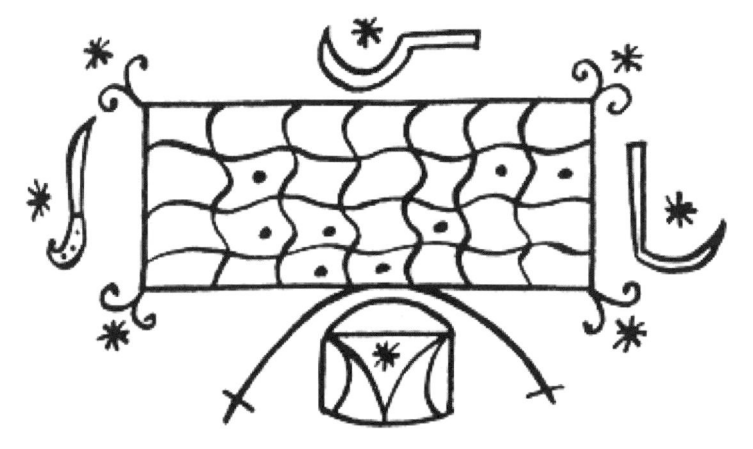

*Vèvè de Cousin Zaka*

Assumindo o perfil do camponês típico, ele é desconfiado em relação às pessoas da cidade, pois não sabe ler, nem escrever e teme ser enganado pelos homens letrados. Porque é muito cioso de suas posses, os voduístas costumam pedir-lhe para tomar conta de seus pertences.

É costume pedir dinheiro a *Zaka* quando em terra, pois se acredita que esse dinheiro trará sorte ao seu possuidor. Contudo, *Zaka* cobrará esse empréstimo com altos juros na próxima vez em que se manifestar, sendo comum dizer-se que para cada unidade monetária emprestada de *Zaka*, ele exigirá dez outras.

## Ogou

Loa da nação nagô ou yorubá, tem as mesmas características do conhecido Orixá Ogum. É o senhor do ferro e das batalhas, sendo marcantes sua honestidade e retidão, sua força e seu temperamento "quente". Sua cor é o vermelho e carrega o machete, um facão típico do Haiti. Há vários *Ogous*, como *Ogou Balindjo*, que caminha com *Agwe*; *Ogou San Jak*, que se apresenta como um cruzado; *Ogou Badagris*, que é um general habilmente político. Outros Orixás do panteão yorubá são também saudados como *Ogou*, como *Ogou Batala* (Obatalá) e *Ogou Shango* (Xangô). Heróis nacionais são também cultuados como *Ogou Dessalines*, a divinização de Jean-Jacques Dessalines.

*Vèvè de Ogou*

A água, contudo, também está associada a esse Loa,[51] como bem observa Frater Vameri (2019) ao interpretar a visão de Milo Rigaud:

---

51 Essa mesma associação é encontrada, no Brasil, na tradição umbandista, que conta com qualidades aquáticas de Ogum como Ogum Beira-Mar, Ogum Iara e Ogum Sete Ondas.

> *Milo Rigaud declara em seu livro sobre Vèvès afirma que os Ogou são espíritos de fogo e água. Esta combinação pode parecer estranha. Entretanto, ela concorda com o que já foi dito. Lembremos que é a água (ou o óleo, mas um líquido) que tempera o ferro na forja. Sem esse elemento aquoso, as ferramentas e armas não atingem seu ponto ideal. Portanto, não surpreende que os Ogou também tenham qualidades de água.*

Ele bebe rum e fuma charuto. No culto Rada, é sincretizado com São Tiago Maior, enquanto no rito Petro, *Ogou Ferray* é sincretizado com São Jorge.

# PETRO

## Met Kalfou ou Maitre carrefour

A partir da comparação entre o *vèvè* de *Papa Legba* e de *Kalfou*, que é visto como uma manifestação Petro desse Loa, pode-se concluir pela significativa diferença entre ambos: enquanto o *vèvè* de *Papa Legba* é simétrico, simbolizando a ordem cósmica e método na sua atuação, o de *Kalfou* é assimétrico, trazendo duas serpentes cruzadas, em uma alusão ao fato dele reger o caos que subjaz além da ordem universal. Ele é o guardião do umbral, o senhor dos reinos proibidos e desconhecidos. A ele são associados os cemitérios, a morte e a magia destrutiva.

Contrariamente à *Papa Legba*, que, ao possuir um devoto, apresenta-se como um homem muito velho que manca, *Kalfou* manifesta-se como um bravo guerreiro e não raro come brasas e maneja objetos de metal incandescente. Trata-se de um espírito forte e agressivo, muito rápido em atender os pedidos a ele destinados, mas também muito rápido em punir, motivo pelo qual quando se recorre a ele é preciso ter muito cuidado e máximo respeito. Suas cores são o preto e o vermelho, aprecia tabaco e bebidas alcoólicas fortes temperadas com pimenta.

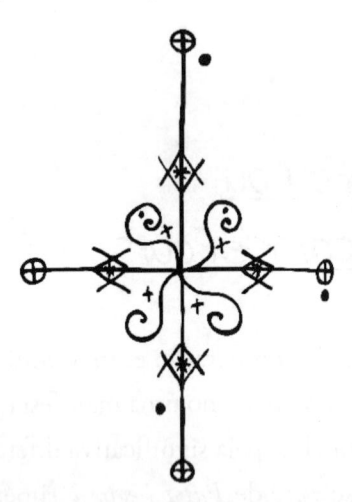

*Vèvè de Met Kalfou (Maître Carrefour)*

*Kalfou* está estreitamente vinculado às temidas sociedades secretas do Haiti e costuma ser servido apenas por

*Hougans* e *Mambos* devidamente treinados para tanto. Ainda assim, em virtude do seu aspecto terrível e sombrio, *Kalfou* também é cultuado pelos *Bokors*, os feiticeiros que vivem à margem da sociedade voduístas. Traçando-se um paralelo com a tradição yorubá e com a quimbanda brasileira, pode-se considerar que *Kalfou* reflete o aspecto vingativo do Orixá Exu, bem como os aspectos agressivos e terríveis da concepção popular que se tem do Exu "catiço" de Quimbanda. Essa correlação é corroborada pelo fato de o Santo associado a *Kalfou* ser Santo Antônio de Pádua, igualmente sincretizado com Exu em algumas vertentes de Umbanda e Quimbanda.

## Erzulie Dantor ou Ezili Danto

*Ezili* ou *Erzulie Dantor* (também escrito *Dantò* ou *Danthor*) é o aspecto Petro da família de Loa *Erzulie*. Assim como sua irmã *Freda*, *Erzulie Dantor* é muito popular no Haiti, embora seja igualmente temida. Enquanto *Erzulie Freda* é a típica mulher branca, francesa e citadina da época da colonização, *Erzulie Dantor* é negra e campesina. Ela é uma mãe que está sempre a trabalhar pelos seus filhos e que não mede esforços para protegê-los, mas também é muito agressiva e vingativa. Considerada a mãe da nação Petro, ao contrário de *Freda*, que sempre rompe em prantos quando confrontada com a dura realidade, *Dantor* costuma expressar sua ira mostrando os punhos, cerrando os dentes e balbuciando "*Ke, Ke, Ke, Ke*" (algumas canções aludem ao fato de que ela teria tido a sua língua cortada, punição comum nos tempos da escravidão).

*Vèvè de Erzulie Dantor (Ezili Danto)*

É considerada a Loa das mães solteiras, em particular. Suas cores são o vermelho e o azul e seus altares costumam ser cobertos com toalhas vermelhas e decorados com cravos vermelhos. Ela é vista sempre usando o vestido jeans azul típico das camponesas haitianas. Justamente por isso, é muito comum colocar-se uma boneca negra com esses trajes nos seus altares.

O amor de *Dantor* por facas é expresso no seu *vèvè*, que sempre traz uma espada atravessando um coração, bem como no costume de se oferecer facas àqueles que são por ela possuídas nas cerimônias. Quando "monta seu cavalo", *Dantor* gosta de ter atividades para fazer em favor dos seus filhos. Assim, é muito comum ver-se *Dantor* limpando os animais sacrificados e cozinhando-os para toda a assistência enquanto os demais Loas interagem com os presentes. Mostrando o cuidado que tem para com os seus filhos, ela também lava suas mãos e rostos, para depois servir-lhes comida. Ela é casada com três poderosos Loas Petro: *Ogou Feray, Ti-Jean Petro* e *Simbi Makaya. Ogou Feray* ensinou-lhe a magia da forja dos metais e das matas, *Ti-Jean Petro* transmitiu-lhe as suas muitas fórmulas mágicas e *Simbi Makaya* passou-lhe conhecimentos sobre remédios e venenos. A propósito do seu primeiro marido, o fato de ele também ser casado com *Freda* é uma das razões da rivalidade mítica das duas irmãs.

A Santa a ela associada é a Madona Negra de Czestochowa, Polônia, justamente em virtude das cicatrizes que ela ostenta na face, fruto de um atentado à imagem original em 1430. Acredita-se que cópias do ícone da Madona Negra de Czestochowa foram trazidas para o Haiti por soldados poloneses lutando em ambos os lados da Revolução Haitiana de 1802 em diante. Alguns dizem que essas cicatrizes são similares àquelas que *Dantor* carrega como lembranças das suas brigas com *Freda*, ao passo que outros veem ligação entre essas cicatrizes e os cortes faciais tradicionais nas tribos congolesas. Reza a tradição que a primeira manifestação de *Erzulie Dantor* se deu na cerimônia havida em *Bwa Kayiman*, que deu início à revolução haitiana. Nessa ocasião, *Erzulie Dantor* teria possuído a *Mambo* Cecil Fatima e recebido, por seu intermédio, o sacrifício de uma porca negra, costume que permanece até os dias atuais. A ela se oferece, ainda, *griot*, um prato haitiano a base de carne de porco e muito apimentado. *Dantor* bebe *kleren* (um tipo de rum próprio do Haiti), licor de cacau e café sem açúcar. Ela fuma qualquer cigarro forte e sem filtro e gosta muito de Água de Florida, uma colônia tradicional de uso muito difundido no Vodu e nos cultos caribenhos.

Outras representações de *Ezili Dantor* incluem a Madona Negra, assim como Nossa Senhora de Lourdes e Nossa Senhora do Monte Carmelo.

*Nossa Senhora de Częstochowa (1382)*
*Representação de Erzulie Danto*

## Simbi

Ao passo que *Freda* é associada aos rios e *La Sirene* e *Agwé* governam os mares, *Simbi* reina sobre as águas salobras dos pântanos. Talvez por isso, o nome de uma das suas principais manifestações seja *Simbi Andezo*, palavra originária do francês *"dans deux eaux"*, em duas águas. Diferentemente de *Damballah*, que é uma grande serpente píton, *Simbi* é visto como uma pequena e veloz cobra d'água. Ao contrário dos demais espíritos Petro, que são tidos como ferozes e agressivos, *Simbi* é tímido e retraído, embora a sua possessão, por vezes, seja violenta. *Simbi* é sempre invocado para atuar em trabalhos mágicos, particularmente de proteção.

Tal como ocorre com outros Loas, *Simbi* é o nome de uma família, a qual tem variados elementos, em um total que passa de uma vintena, podendo-se listar, dentre os mais conhecidos, *Simbi Andezo*, associado aos pântanos, como já visto; *Simbi Makaya*, um feiticeiro diretamente ligado às sociedades secretas haitianas, particularmente a *Zobop* e a *Sanpwel*; *Simbi Ganga*, um guerreiro muito bravo; *Simbi Dlo*, ligado à água da chuva e às nascentes e *Simbi Anpaka*, um especialista em ervas e folhas. Uma associação moderna muito curiosa que alguns *Hougans* e *Mambos* vêm fazendo com *Simbi* é considerá-lo patrono de equipamentos eletrônicos e principalmente dos computadores.

*Vèvè de Simbi*

**Simbi** é um Loa misterioso, associado à magia, ao segredo e às sociedades secretas haitianas. Há várias teorias sobre a sua origem, defendendo alguns que ele é um dos espíritos ancestrais cultuados pelos índios Tainos, enquanto outros sustentam que ele veio da África, mais particularmente do Congo e dos seus espíritos *basimbi* (*kisimbi*, no singular), intermediários entre as divindades e os mortos. Em uma visão mais esotérica desse Loa, Milo Rigaud (1996) observa:

> *"ele é o Mercúrio do Vodu, que conduz a alma do visível para o invisível, começando nas encruzilhadas, a fim de receber o sacrifício. O Mercúrio do Vodu tem o nome de Simbi, um Loa de muitas formas. Ele é o condutor das almas, aquele que leva as almas dos mortos para todas as direções que circunscritas pelos quatro*

*orientes mágicos da cruz. Ele é o Messias de Legba, o mensageiro do Sol."*

As cores associadas à *Simbi* variam de casa para casa, podendo ser vermelho e verde ou vermelho e negro. O santo a ele associado é Santo André. Costuma-se oferecer-lhe uma tartaruga, cujo sangue é usado por *Simbi* para a confecção de uma poção contra venenos e magias maléficas. Como um curador eficientíssimo, *Simbi* é também procurado pelos doentes e por aqueles que querem conhecer as propriedades curativas das ervas.

## Gran Bwa

Estreitamente vinculado a *Papa Loko*, *Gran Bwa* (do francês *gros bois*, grande madeira) é um Loa muito popular, pois a ele estão associadas as *demambwe*, florestas nativas da ilha e seus muitos poderes, segredos e terrores. Uma vez que na floresta é possível encontrar tanto o sustento quanto a morte, *Gran Bwa* conhece todos os segredos dos remédios vegetais e dos venenos também. A ele também está associada a árvore *Mapou* (*Cyphostemma mappia*), a árvore símbolo do Vodu, considerada o ponto de união entre o reino dos vivos e dos mortos, tanto assim que o mastro central (*poteau-mitan*) que há em todo templo voduísta representa essa árvore.

*Vèvè de Gran Bwa*

Diz-se que, em 1791, Makandal recorreu às ervas e às raízes de *Gran Bwa* para preparar o veneno com que ele e seus asseclas mataram muitos brancos. Assim como *Simbi*, *Gran Bwa* também é cultuado por sociedades secretas muito temidas, dentre elas a *Bizango* e a *Sanpwel*, que a ele recorrem para trabalhar com o pepino dos zumbis, uma espécie americana de Estramônio utilizado na preparação do pó de zumbificação.

É também conhecido como *Gran Bwa d'Ilé*, em referência à ilha mítica que ficaria no leito do oceano e na qual os mortos aguardariam seu retorno à terra ou a sua ida definitiva à *Ginen*. Ele é também o senhor de *Vilocan*, a cidade submersa sagrada dos Loas.

*Gran Bwa* é um dos Loas Petro mais suaves. Suas possessões não costumam ser violentas e, ao chegar, ele sempre se prontifica a transmitir algo do seu conhecimento, sabedoria e proteção aos presentes. Suas cores são o vermelho e o verde e seu Santo é São Sebastião. Ele gosta de arroz, feijão ou milho cobertos com mel e dispostos em folhas de bananeira, assim como de rum apimentado. Outro costume associado a esse Loa é ofertar algum dinheiro em seu nome a organizações protetoras das florestas.

Alguns dizem que, juntamente com *Met Kalfou* e o *Baron Cemitierè*, *Gran Bwa* forma a tríade dos três feiticeiros do Vodu. Segundo essa visão, que acaba por excluir *Simbi* como também um grande mago, mas que não deixa de ser interessante, *Grand Bwa* representa as terras verdes e as florestas sombrias da estrada da vida; *Met Kalfou* seria essa própria estrada, com seus muitos caminhos e encruzilhadas e o *Baron Cemitierè* seria o fim da jornada. Nesse particular, Frater Vameri (2019) traz importantes informações sobre os aspectos mágicos desse Loa:

> *Por conta de sua centralidade como detentor dos mistérios das folhas, Gran Bwa é um dos grandes "magos" do Vodou. Sua força é fundamental para a feitura de uma wanga. Sua presença é indispensável nas cerimônias de sacerdócio. As folhas, claro, são indispensáveis para o funcionamento ritualístico e para as operações mágicas dentro do Vodou. Portanto, não é difícil compreender a razão pela qual este Lwa é um mestre da magia.*

Como se vê, embora nem sempre lembrado na literatura mais popular sobre o Vodu, *Grand Bwa* é o senhor e o guardião de profundos mistérios, ligados a locais místicos e míticos subaquáticos e à magia que alicerça o próprio culto voduísta.

## VÈVÈS: ASSINATURAS MÁGICAS DOS LOAS

Toda e qualquer alusão gráfica ao Vodu, seja em pinturas, fotografias ou filmes sempre traz misteriosos símbolos pintados nas paredes e em objetos de culto, ou desenhados com farinha de milho no solo. São os famosos *vèvès* (pronuncia-se "vevé", aceitando-se, ainda, as grafias *Vevè* e *Vevê*), símbolos que, além de representarem os próprios Loas, são verdadeiros faróis pelos quais eles se guiam, quando invocados, na sua jornada da *Ginen* para o mundo dos vivos.

Por vezes, os *vèvès* são riscados com giz ou desenhados com pólvora ou até mesmo com cinzas. O mais comum e tradicional método de desenhá-los, porém, é com farinha de milho, sendo que apenas um Sacerdote ou Sacerdotisa pode fazê-lo, pois envolve uma outorga sacerdotal conferida num dos ritos secretos do *kanzo*.

Engana-se, contudo, quem neles vê tão somente mero simbolismo: tal qual os pontos riscados da Umbanda e as *zimbas* da Quimbanda, os *vèvès* criam portais entre mundos, chamando a presença real do Loa e sendo o ponto focal onde se lhe apresentam velas, bebidas e alimentos.

Milo Rigaud (S/D), o qual dedicou toda uma obra sobre o tema, assevera que "*esses diagramas rituais são também mágicos*", pois são "*condensadores de forças astrais e de atratores rituais de forças planetárias aos quais estão misteriosamente vinculados por uma cadeia geométrica oculta*", de sorte que "*cada vèvè é, assim, um nó de energia a serviço do houn'gan que sabe para qual propósito ele serve e conhece suficientemente seus 'traços', a fim de reproduzi-lo.*"

Noutra obra sua, aqui já referenciada fartamente, Rigaud (2001) complementa sua visão sobre os *vèvès* dizendo que eles "*representam figuras de força astral de um modo diferente daquele que faz o asson*", sendo que "*a sua manufatura no oum phor é a reprodução, por magia Voodoo, das próprias forças astrais*":

> *No curso das cerimônias de Voodoo, a reprodução das forças astrais representadas pelos vèvês obrigam os Loas (que são representações de corpos celestes, de estrelas e de planetas) a descer a terra. Num primeiro olhar, isso pode parecer improvável; contudo, nada é mais verdadeiro, mais óbvio e mais palpável, e a explanação dada aqui em primeira mão pode ser facilmente verificada. Como um visitante de uma cerimônia de Voodoo, é preciso apenas considerar a inter-relação dos fatores ritualísticos tal qual aqui explanados, a fim de se ser facilmente convencido.*

Nicholaj de Mattos Frisvold (2011), por sua vez, observa que "*as assinaturas dos espíritos dos vários Lwas são estruturados em torno da forma básica da encruzilhada*", onde "*nos damos conta da unidade e nos movemos adiante, para onde os milagres se fazem possíveis*". De fato, esse parece ser um mistério comum aos cultos afro-diaspóricos que fazem uso de sinais traçados (e não só eles): a encruzilhada, reino de poder além do espaço-tempo e não pertencente nem ao mundo dos vivos, nem ao mundo dos mortos; nem à morada dos deuses, tampouco ao solo em que pisam os seres humanos. E é nessa encruzilhada que, como se viu, o primeiro Loa a se chamar, para abrir o "portão" que separa os mundos é *Papa Legba*.

Como antes ventilado, há controvérsia acesa quanto à origem dos *vèvès* e esse caldeirão dialético sempre em ebulição parece ser uma constante quando o tema é o Vodu. Assim, a respeito das origens africanas, europeias e americanas dos *vèvès*, vale transcrever um excerto de um excelente artigo de autoria de Yvonne Chireau e Mambo Vye Zo Kommande LaMenfo (2014):

> *Vèvès são signos ideográficos ou brasões que servem como símbolos gráficos fundamentais na religião do Vodou. Criados na era escravagista do Haiti, os vèvès descendem conceitualmente das orientações culturais e religiosas da África Ocidental e Central, ao passo que se valem dos estilos de representação e das tradições visuais da América indígena e da Europa. Como todas*

*as criações de arte Vodou, eles são produtos de improvisação, apropriação e inovação. 'Fragmentos da África, certamente', nota o antropólogo Donald Cosentino, 'mas também fragmentos e pedaços dos Taino, da França céltica e iluminista, dos jesuítas e dos maçons', bem como outras raízes. Indiscutivelmente, os vèvès revelam uma multiplicidade de fontes. O historiador de arte Robert Farris-Thompson afirma que os vèvès foram adotados diretamente das tradições de desenho no solo congolesas, enquanto os estudiosos Rachel Dominique-Beauvoir e Patrick Bellegarde-Smith aludiram a uma linhagem que inclui sistemas de escrita esotérica do hinduísmo e dos índios tainos nativos.*

Afinal, onde estaria a verdade? Justamente nessa fusão de culturas e de saberes, cosidos com a agulha da necessidade.

# Voodoo em New Orleans

No Brasil, o Vodu ainda é pouco conhecido e associado aos velhos preconceitos. Geralmente, no Brasil, quem não conhece o Vodu associa-o a práticas espirituais de baixo nível como bonequinhos espetados com alfinetes etc. Desconhecem, ainda, que o Vodu é uma das religiões oficiais do Benin e é praticado por aproximadamente 40% da população. Na língua local Ewe, Vodou, significa "espírito". Todos os anos, no início de Janeiro, vários grupos Vodu da África Ocidental juntam-se na cidade costeira de Ouidah para demonstrações das suas práticas religiosas e celebração das suas crenças.

Os primeiros seguidores do Voodoo nos Estados Unidos adotaram a imagem dos Santos Católicos para seus espíritos. Como resultado da fusão da cultura francesa e do Voodoo na Louisiana, embora as práticas Voodoo e Católica sejam radicalmente diferentes, tanto os Santos quanto os espíritos agem como mediadores, como a Virgem Maria e *Legba*, presidindo atividades específicas. Não se pode dizer, contudo, que esse processo de associação dos Santos aos espíritos tenha sido tão somente sincretismo, pois o Voodoo americano realmente absorveu o culto dos Santos como realizado na Igreja Católica.

New Orleans foi declarada a cidade mais assombrada da América e os guias turísticos procuraram investir nas lendas de vampiros, lobisomens (*Loup Garou*) e histórias macabras muito tradicionais na Louisiana. Os adeptos do Voodoo têm uma relação menos mórbida com a morte. Por isso, as tradicionais imagens de caveiras e esqueletos. Mas, com certeza, as tradições ocultas mais antigas e mais profundas da cidade são aquelas que envolvem as práticas misteriosas do Voodoo.

A cidade transpira Voodoo e Hoodoo de uma forma bastante aberta, aparentemente sem preconceitos. Quando se conhece o real propósito da religião, percebe-se que ela nada tem a ver com os estereótipos e preconceitos negativos associados à magia negra com que é rotulada. Como toda cidade ligada à religiosidade, New Orleans é altamente comercializada, com diversas lojas que oferecem a venda de artigos religiosos e prestação de serviços espirituais.

Ainda assim, o foco principal do Voodoo da Louisiana atualmente é servir aos outros e influenciar o resultado dos eventos da vida através da conexão com a natureza, espíritos e ancestrais. Os verdadeiros rituais são realizados "por trás de portas fechadas", pois um ritual vistoso seria considerado desrespeitoso aos espíritos. Métodos de Voodoo incluem leituras divinatórias, banhos espirituais, dietas especialmente planejadas, oração e cerimônia pessoal. O Voodoo é frequentemente usado para curar ansiedade, vícios, depressão, solidão e outras doenças. Procura ajudar os famintos, os pobres e os doentes como Marie Laveau fazia.

*Marie Laveau's House of Voodoo – Loja de artigos religiosos em New Orleans (Katie Harbath)*

Embora o Voodoo norte-americano seja uma derivação do Vodu haitiano, há diferenças muito sensíveis entre ambos. Dos muitos Loas cultuados no Haiti, poucos chegaram aos Estados Unidos e lá passaram a ser cultuados. O principal e mais conhecido Loa do Voodoo é *Papa Legba*, também conhecido como *Papa La-bas* ou *Papa Limba*.

Seus atributos e funções são os mesmos do Loa haitiano original, mas há uma ênfase muito grande em seu papel de guardião das encruzilhadas, dos caminhos dos mundos físico e espiritual que se entrecruzam.

Assim como ocorreu em quase todas as religiões da diáspora negra, *Papa Legba* foi associado ao diabo e uma série de lendas passaram a se originar a partir daí. Talvez a crença mais forte e disseminada a respeito de *Papa Lebga* seja a de que os músicos de jazz e blues que quiserem se tornar exímios na arte de tocar seus instrumentos e altamente criativos na composição musical devem fazer um pacto com *Papa Legba* à meia-noite, em uma encruzilhada. Os contornos faustianos dessa lenda são evidentes e tributa-se o sucesso conquistado por grandes nomes da música do sul dos Estados Unidos, como Robert Johnson e Tommy Johnson, a um pacto com o *"old man at the crossroads"* (o velho da encruzilhada). Em 1986, foi estreado o filme Crossroads (Encruzilhada), um drama inspirado na lenda de Robert Johnson e seu pacto com *Papa Legba*.

Outra devoção muito forte no Voodoo é o culto à Virgem Maria e, mais particularmente, a Nossa Senhora do Perpétuo Socorro. Aqui, é importante registrar que não se está tratando de sincretismo, mas do culto à própria Mãe de Jesus. Embora o movimento de recriação do Voodoo de New Orleans da década de 1970 tenha introduzido o culto a *Erzulie Freda*, sincretizada com Nossa Senhora, o culto original não conhecia *Erzulie*.

Retratado em filmes e romances fantasiosos, outra divindade muito célebre do Voodoo da Louisiana é *Li Gran Zombi*, representado por uma serpente Píton presente nos cultos e com a qual as sacerdotisas dançam. A origem desse espírito é *Nzambi*, o deus criador do povo Congo. Acredita-se que *Li Gran Zombi* tenha absorvido características de *Damballah* e de *Simbi*, embora seja um ser espiritual completamente distinto.

Os voduístas americanos também recorrem muito comumente a São Miguel para proteger-se do mal. Contudo, acreditam que o arcanjo responde mais prontamente àqueles que o invocam pelo seu nome secreto: Daniel Blanc, Danny ou Blanc Dani. A alusão ao branco, segundo alguns, derivaria da absorção de atributos de *Damballah* pelo culto voduísta de São Miguel.

Dentre os santos mais invocados pelos voduístas estadunidenses estão Santo Expedito, São Judas Tadeu e São Roque, considerados capazes de propiciar milagres e prodígios aos seus devotos. Também são muito afreguesados São José, *Assonquer* e John the Conqueror. A São José costumam ser dirigidos pedidos de ordem material, especialmente financeira, bem como de homens abandonados por suas mulheres. Também se pede ajuda monetária e profissional para *Assonquer*, um espírito esquecido na própria África e que é cultuado nas imagens de São Luís IX. Quanto a John the Conqueror, o folclore local diz que ele foi um príncipe africano capturado e escravizado no sul dos EUA e que se tornou muito célebre pela sua astúcia. John the Conqueror empresta seu nome à mais poderosa raiz utilizada no Voodoo em óleos e pós, a raiz da Jalapa ou Batata de Purga.

Também são bastante populares Joe Féraille, São Maron e *Yon Sue*. Joe Féraille é um aspecto de *Ogu Ferray* tido como pirata e mercenário, que atende os pedidos dos seus fiéis mediante muita barganha. São Maron foi um escravizado chamado Squiers e que era um dos mais exímios dançarinos dos cultos voduístas realizados em Congo Square. Em 1834, ele tentou fugir da propriedade em que residia e trabalhava, mas foi capturado e teve seu braço direito gravemente ferido. Em virtude de uma infecção, esse braço veio a ser amputado. Após esse incidente, Squier novamente fugiu e então se tornou célebre como o fora da lei Bras Cupé (braço cortado), líder de um grupo de *marrons*, escravizados fugitivos como ele. Após sua morte, começou a ser cultuado e seu auxílio é muito reclamado em casos que envolvem perseguições de qualquer sorte. Quanto a *Yon Sue*, ele é Santo Antônio de Pádua, cuja devoção foi difundida especialmente por Marie Laveau.

Merecem destaque, ainda, os espíritos de indígenas, muito populares nos Estados Unidos, onde contam com igrejas que misturam evangelismo pentecostal, Voodoo e preleções com guias espirituais incorporados. Os mais célebres espíritos de indígenas na Louisiana são Águia Negra, Falcão Negro e Jaqueta Amarela.

Ao contrário de algumas menções apressadas ou mesmo oportunistas que se têm visto ultimamente, o

Voodoo Americano é um culto tão iniciático quanto o Vodu Haitiano, contando com cerimônias essenciais à consagração de seus sacerdotes e sacerdotisas. As *Mambos* e os *Hougans* do Voodoo, em sendo assim, passam igualmente por rigorosa preparação a envolver formação teórico-prática, bem como ritos reservados que lhes conferem o poder e autoridade sacerdotal.

    Exemplo disso é a pesquisa efetuada pelo fotógrafo Shannon Taggart junto a uma *Mambo* do Brooklin. Little (2011) diz que Shannon Taggart, depois de fotografar espíritas – pessoas que acreditam que podem se comunicar com os mortos – no estado de New York, documentou a religião haitiana de Vodu desde que se mudou para o Brooklyn em 2005. O projeto de Taggart começou quando ele conheceu uma *Mambo* chamada Rose Marie Pierre, que administrava um templo no porão de uma loja comum no bairro da classe trabalhadora de Flatbush. Foi nesse local que Taggart registrou imagens de sacerdotes incorporados com os Loa – espíritos poderosos que agem como intermediários entre a humanidade e o deus distante de Vodu, *Bondye*. Horne (2019) menciona que o fotógrafo Shannon Taggart era atraído pelo que ele chama de *"espaços psicológicos"*. Ele os descreve como *"realidades invisíveis, como uma experiência interior que você não pode realmente ver"* e aprecia o desafio de criar imagens para descrevê-los.

    O Voodoo de New Orleans distingue-se por lançar mão de uma série de recursos mágicos provenientes das mais variadas culturas. Assim, os sacerdotes e sacerdotisas oferecem serviços como leituras de tarô e em bolas de cristal, tratamentos à base de ervas, conjuros, amuletos e talismãs. Dentre essas práticas, distingue-se a magia com velas, alicerçada basicamente no simbolismo associado às cores. Há dois sistemas de atribuição simbólica de cores de velas, o primeiro deles divulgado por Zora Neale Hurston:

- Branco: paz e desfazimento de feitiços (*uncrossing*)
- Vermelho: vitória
- Rosa: amor
- Verde: sucesso
- Azul: proteção
- Amarelo: dinheiro
- Marrom: trazer dinheiro e atrair pessoas
- Violeta: causar dano e triunfar em um propósito
- Preto: magia maléfica

O segundo sistema deriva de Henri Gamache, um autor que fez muito sucesso com o livro *Master Book of Candle-Burning* (o livro mestre do trabalho com velas):

- Branco: bênçãos espirituais e cura
- Vermelho: amor e paixão
- Rosa: atração e romance
- Verde: dinheiro e boa sorte
- Azul: paz e harmonia
- Amarelo: dinheiro

- Marrom: causas judiciais
- Violeta: causar dano e triunfar em um propósito
- Púrpura: controle
- Laranja: abertura dos caminhos
- Preto: repulsão e desfazimento de feitiços *(uncrossing)*
- Preto e branco: devolver o mal a quem o enviou
- Preto e vermelho: desfazimento de feitiço de amor
- Verde e preto: desfazimento de feitiço de financeiro

Uma interessante atração turística da cidade é o *New Orleans Historic Voodoo Museum*, localizado em 724 Dumaine St, French Quarter, At Bourbon, New Orleans, LA 70116-3140. Desde 1972 o Museu é um ponto de referência permanente e importante atração turística em New Orleans, onde é possível aprender sobre a rica cultura que molda essa cidade única e apreciar relíquias históricas de Voodoo, pinturas, esculturas e outros artefatos.

Um importante Templo de New Orleans é o *Voodoo Spiritual Temple*. Foi fundado em 1990 pelos sacerdotes Miriam e Priest Oswan Chamani. É o único Templo Espiritual formalmente estabelecido com foco nas práticas tradicionais de cura espiritual e fitoterápica da África Ocidental atualmente existentes em New Orleans. Está localizado em 1428 North Rampart St., New Orleans, LA 70116. Em 6 de março de 1995, o sacerdote Oswan desencarnou, mas a sacerdotisa Miriam continua a seguir a tradição do templo junto com o espírito de Oswan. Esse Templo expandiu sua espiritualidade ao redor do mundo, incluindo um templo na Rússia.[52]

No primeiro dia fevereiro de 2016, um incêndio elétrico eclodiu no Voodoo Spiritual Temple. O Templo sofreu sérios danos à estrutura e ao conteúdo. Embora ninguém tenha ficado ferido, o incidente deixou o Templo Voodoo Espiritual, que tem servido à comunidade há 26 anos, com um futuro incerto.

# BONECO VOODOO

Quando um leigo quer saber algo sobre o Voodoo, geralmente, a primeira pergunta é sobre os bonecos. Algumas pessoas imaginam que os voduístas passam o dia inteiro espetando bonecos, mas, na verdade, isso não acontece. Os bonecos são apenas um detalhe dentro da religião. Claro que os bonecos existem, funcionam e são usados para diversos propósitos, não só para o mal, que deve ser evitado ao máximo.

Algumas civilizações antigas, como a grega, a egípcia e a babilônica, utilizavam imagens e bonecos para uso cerimonial e há registros de práticas mágicas marginais à

---

[52] https://voodoospiritualtemple.org

religião oficial envolvendo o uso de bonecos de barro, cera ou madeira. No caso do Voodoo, o objeto não representa um deus ou um ser espiritual[53]. Ele é utilizado como amuleto para atrair sorte, dinheiro, emprego, saúde ou amor. Existem muitas maneiras de fazer o boneco, mas a original, a preferida, dizem remontar ao do Vodu haitiano (embora não haja registros dessa prática nas tradições haitianas mais conhecidas).

Os bonecos voodoo originaram-se na diáspora africana como parte de costumes espirituais e hoje podem ser encontrados no Voodoo de New Orleans. Não se sabe ao certo se a magia haitiana influenciou a magia europeia ou vice-versa, pois há registros muito antigos de bonecos sendo usados na bruxaria europeia. O boneco muitas vezes representa a pessoa que deseja apelar aos espíritos voodoo, ou a pessoa que se quer curar de algum mal. Na verdade, o boneco voodoo pode ser muito útil para que possamos trabalhar à distância uma pessoa doente para trabalhos de cura, desmanchar magias e muito mais. Além disso é utilizado em processos de energização, desmanchar trabalho de magia danosa, limpeza espiritual, trabalhos de amor, trabalhos de crescimento financeiro, casos de saúde.

Existe um ritual de preparo do boneco, desde a escolha e limpeza do material até os cânticos. É necessário meditar sobre os desejos, emoções e sentimentos que se deseja colocar no boneco. O modo mais prático de vestir o

---

53 Algumas vezes, são utilizadas bonecas de brinquedo para servir de habitação a um determinado espírito ou mistério.

boneco é formar uma espécie de saco de tecido macio, amarrado nas extremidades. O tecido rústico é mais adequado, pois é mais fiel às tradições de origem. Após os cânticos, é o momento de utilizar as agulhas ou alfinetes, que são fincados para reforçar o pedido. Melhor dizendo e ao contrário do imaginário popular a respeito, a presença de agulhas espetadas no boneco não necessariamente envolve um objetivo maligno, pois as agulhas fazem as vezes de condensadores fluídicos também em bonecos voltados para finalidades nobres, como a saúde e a prosperidade. Quando a figura está pronta, é hora de guardá-la em um local alto e discreto. Junto dela, o fiel pode colocar velas da mesma cor e deve orar todos os dias para reforçar o pedido.

# Marie Laveau: A Rainha Voodoo

## Mito ou Realidade?

O que de especial teria essa mulher que mobilizou e fascinou New Orleans durante tantos anos? Por vezes considerada a mulher mais poderosa de sua época, é uma figura envolta por mistérios e acabou se tonando um mito da história americana, particularmente de New Orleans, onde nasceu em 10 de setembro de 1794, no Frenche Quarter, Vieux Carré (Bairro Francês). Apesar de não serem muitas as informações fidedignas, Marie Laveau, a Rainha Voodoo, faz parte do imaginário religioso de New Orleans. O grande desafio dos pesquisadores sempre foi separar os fatos reais dos mitos e lendas que cercam uma das maiores celebridades do cenário norte-americano do Século XIX.

A primeira e principal dificuldade para pesquisar sua vida e obra são os dados biográficos, geralmente incompletos. Repórteres jornalísticos e autores de ficção produziram uma descrição sensacionalista sobre o Voodoo de New Orleans e, consequentemente sobre a sua rainha, Marie Laveau. Martha Ward, em entrevista ao History Channel, cita que *"muitos documentos desapareceram, outros foram falsificados"*.

*Marie Laveau – Voodoo Queen (única foto dela existente)*

Era filha ilegítima de um político conceituado, Charles Laveau Trudeau, e uma mulher negra livre de nome Marguerite Henry. Conforme Fandrich (1994): "*Marie foi batizada na Catedral St. Louis no Bairro Francês em 16 de setembro do mesmo ano*". O evento foi inscrito no registro sacramental como "*uma mulata nascida no décimo dia deste mês presente, filha de Marguerite, mulata livre e pai desconhecido*".

Marguerite Henry nasceu em 1772, em New Orleans. Foi alforriada por Henry Roche-Belaire em 1790 e viveu uma união estável, não reconhecida legalmente, com Henry D'Arcantel e passou a usar o nome Marguerite D'Arcantel. Seu relacionamento com Charles Laveau Trudeau resultou no nascimento de Marie Laveau.

Charles Laveau, nascido em New Orleans, em 1743, foi um dos oficiais e políticos militares mais influentes da Louisiana espanhola. Casado com Charlotte Perrault, com quem teve quatro filhas, foi o topógrafo geral da Louisiana espanhola desde o início dos anos 1780 até que renunciou em 1805, e responsável pelo projeto da Lafayette Square de New Orleans, criada em 1788 como Place Gravier. Seu nome em mapas e concessão de terras é registrado como Don Charles Trudeau.

Após a compra da Louisiana,[54] Charles também atuou como gravador para a cidade de New Orleans e foi

---

[54] A Louisiana foi um distrito administrativo do Vice-Reino da Nova Espanha, no período de 1762 a 1802. A Espanha adquiriu o território da França, que o nomeou de La Louisiane homenageado o rei Luís XIV, em 1682.

presidente do conselho da cidade. Durante seu mandato como gravador, o prefeito James Mather renunciou e Charles Trudeau assumiu a função interinamente pelo período de seis meses, em 1812. Faleceu em 1816 e foi sepultado no cemitério Saint Louis 1, em New Orleans.

Amplamente retratada no cinema e nas artes plásticas, uma das imagens de Marie Laveau mais conhecidas e aceitas até hoje data de 1920, feita pelo pintor Frank Schneider, e baseada em uma pintura de George Catlin de 1835 e atualmente perdida. Marie Laveau era descrita como uma mulher alta, bonita, com cabelo preto, pele escura avermelhada e olhos penetrantes. Gostava de usar lenços coloridos na cabeça e brincos de ouro grandes e brilhantes. A mãe e a avó, Catherine Henry, eram sacerdotisas Voodoo, ofício que Marie aprendeu ainda adolescente. Eram belas mulheres negras e Marie herdou essa beleza ao extremo. Conforme Shantrelle P. Lewis (2021):

> *Marie Laveau era neta de uma sacerdotisa poderosa em Saint Domingue.*[55] *Ela supostamente tinha um conjunto de condições familiares na espiritualidade africana. Ela foi atraída para a religião após a morte de sua mãe. Marie foi submetida à tutela do Dr. John Bayou, um conhecido mago senegalês (rootworker). Ela não demorou muito para dominar a cultura e a sociedade de Voodoo em New Orleans.*

Em agosto de 1819, casou-se na Catedral St. Louis de New Orleans, com um carpinteiro chamado Jacques Santiago Paris, negro liberto que fez parte de uma grande imigração para New Orleans em 1809, após a Revolução Haitiana de 1804. A solenidade foi conduzida por Antoine de Sadella, mais conhecido como Père Antoine. Étienne Mazureau, que teve uma carreira de destaque como advogado na França e, mais tarde, na Louisiana, três vezes procurador-geral e secretário de estado, presenciou a cerimônia como testemunha. A certidão de casamento foi arquivada na Catedral de Saint Louis. Fandrich (1994) relata:

> *Charles Laveau acompanhou sua filha ao cartório para assinar seu contrato de casamento e fornecer-lhe um dote. Ele deu ao futuro marido e esposa uma doação intervivos e irrevogável do meio lote que lhe pertencia situado no Faubourg Marigny, o bairro rio abaixo do French Quarter em terra que anteriormente fora a plantação de Marigny.*

---

55 Atual Haiti (Nota dos autores).

O casal teve duas filhas: Felicité, nascida em 1817, e Marie Angèlie, nascida em 1822. Não se sabe, ao certo, mas presume-se que tenham falecido ainda jovens. Entre março de 1822 e novembro de 1824, Jacques desapareceu (ou faleceu) em circunstâncias misteriosas. Algumas notícias dão conta que Marie se livrou dele por meio da magia Voodoo por ser abusivo e caloteiro. Outras fontes dizem que ela foi abandonada por Jacques. O fato é que o corpo não foi encontrado e nenhuma acusação ocorreu contra Marie. Desta forma todos assumiram que ele havia falecido. A partir de então, Marie adotou o estado civil condição de viúva.

Sem esposo e com poucos recursos, ela arranjou um emprego como cabeleireira. Outra versão diz que montou o salão de cabeleireira com a herança deixada por Jacques Paris. Este trabalho permitia que ela tivesse contato com as mulheres da sociedade de New Orleans, possibilitando que ficasse sabendo de tudo que ocorria nos lares de suas clientes, pois, as senhoras da elite conversavam amiúde sobre os seus relacionamentos mais íntimos. Ocasionalmente atendia as clientes em suas próprias residências. A casa de Marie estava sempre cheia de clientes, negros e brancos, e sua habilidade na leitura da mente era fantástica. Elas confessavam seus segredos e medos a Marie, seus amantes, as amantes de seus esposos, sua situação financeira, propriedades, problemas familiares, negócios etc. Elas falavam e Marie ouvia atentamente, como se fosse uma psicóloga. Potter (1859) cita uma fala de Marie Laveau:

> *Minha vocação me chama às classes mais altas da sociedade quase exclusivamente; onde reinam tantos elementos de miséria quanto o mundo pode produzir; onde os corações se traem descuidadamente; onde a missão da cabeleireira faz dela uma acompanhante diária. A cabeleireira está em toda parte conversando e confidenciado. De fato, muitas vezes desejei me ausentar de conversas que eu sabia que deveriam ser confidenciais, mas não tinha nada a fazer senão ouvir; eu não podia dizer às senhoras para calar a boca e, portanto, eu era muito mais frequentemente o receptáculo de segredos do que eu desejava ser.*

É provável que o trabalho profissional como cabeleireira era acompanhado do religioso. Ela lia o futuro nas cartas e fazia trabalhos para ajudar as pessoas a conseguir muito dinheiro. Uma versão não oficial diz que ela conseguia seus dados por meio das pessoas que vinham consultá-la como praticante do Voodoo e do Hoodoo. Consolidando-se como curandeira, Marie largou seu emprego formal para se dedicar aos dotes como Sacerdotisa Voodoo.

Em 1825 começou uma relação com um homem branco, descendente de franceses nobres, chamado Luís Christophe Dominick Duminy de Glapion, militar de Saint Domingue e veterano da Batalha de New Orleans,[56]

---

[56] A Batalha de New Orleans ocorreu em 8 de janeiro de 1815 e foi a grande batalha final da Guerra de 1812. As forças americanas, comandadas pelo general Andrew Jackson, derrotaram uma invasão do exército britânico, que tinha a intenção de tomar New Orleans e o vasto

com quem viveu até o falecimento dele, em 1855. Em 1831 a família residia no French Quarter, na Saint Ann Street, entre as ruas Rampart e Burgundy. Esta residência foi construída por volta de 1798, pela avó de Marie, Catherine Henry. Conforme Long (2001):

> *Praticamente todos os moradores de New Orleans, incluindo pessoas negras livres, possuíam escravizados. Marie Laveau não foi exceção. Entre 1828 e 1854, Laveau e Glapion compraram e venderam oito escravizados. Christophe Glapion, como muitas pessoas da época, especulava em ações, empréstimos de dinheiro e imóveis. Mesmo sendo um astuto homem de negócios, no final da década de 1840 ele estava profundamente endividado. Sob forte pressão do Citizens Bank of Louisiana, em 1850, ele vendeu dois escravizados para o amigo da família Philippe Ross.*

Ward (2004) argumenta que Marie Laveau e Christophe Glapion compraram escravizados para libertá-los. Marie Laveau criou uma forma própria de Voodoo em New Orleans, onde praticou e ensinou os seus trabalhos de magias. Era bastante procurada para fazer *gris-gris*,[57] feitiços amorosos, resolver questões sociais, negócios, livrar de maldições, rusgas com inimigos e prosperidade. Juízes e

---

território da Louisiana.
57 Os gris-gris por si só não são importantes, mas sim a intenção que se põem nele. Uma pessoa que fazia gris-gris solicitava aos espíritos poderes especiais.

políticos brancos chegaram a pagar-lhe mais de 1.000 dólares (muito dinheiro na época) para vencer eleições. Com Glapion ela teve vários filhos, mas apenas duas filhas, Marie Heloise Euchariste Glapion (nascida em 1827)[58] e Marie Philomène Glapion (nascida em 1836) chegaram até a idade adulta. Marie Philomène tornou-se a sucessora de Marie Laveau, ficando conhecida como Marie Laveau II, como veremos mais adiante.

Marie tornou-se amiga íntima do padre chefe da Igreja Católica de New Orleans, Père Antoine, que mantinha um trabalho social com prisioneiros, considerados a escória da sociedade. Marie era sua parceira nesse trabalho. O poder político de Marie e sua relação com o Père Antoine permitiam-lhe fazer algo considerado um pecado grave em qualquer igreja: ela podia fazer rituais Voodoo na Catedral de Saint Louis. Marie Laveau tinha um pé no mundo católico e outro no mundo de Voodoo. Para ela o Catolicismo e Voodoo eram maneiras diferentes, mas não conflitantes, de servir as forças espirituais que governam o mundo. Usava água benta, incenso, imagens de santos e orações cristãs e as incorporou em seus rituais de Voodoo e Hoodoo.

---

58 Carolyn Morrow Long cita que a filha mais velha de Marie e Christophe, Marie Heloise Euchariste Glapion, faleceu no início em 1862 e deixou três filhos pequenos: Adelai Aldina, Marie Marguerite Onesta e Victor Pierre Crocker, todos criados por Pierre Crocker. Crocker morreu em 1857, e as crianças órfãs foram criadas na casa da família por sua avó, Marie Laveau.

Como já foi citado, Marie aprendeu sua arte com a mãe, a avó e com o Dr. John Bayou, que foi seu mestre e parceiro magístico, conhecido como também como Dr. John Montanee, e ficou conhecida como a Rainha Voodoo de New Orleans.[59] Aprendeu também com Marie Saloppé. Fazemos aqui uma pausa para explicar que assim como no Brasil existem algumas pessoas que confundem Umbanda com Candomblé, nos Estados Unidos isso também ocorre no sentido de se confundir Hoodoo com Voodoo.

Em 1724, os franceses instituíram o *Code Noir* (Código Preto) no Território da Louisiana, que concedeu aos escravizados o domingo como um "dia de descanso e lazer". Embora o Código Preto tenha sido instituído em 1724, não havia leis que regulassem o direito às pessoas escravizadas de se reunirem. Em 1817, durante o mandato de Augustin François de McCarthy, uma portaria municipal restringia a congregação de pessoas escravizadas em uma região periférica da cidade. Esta área aberta nos arredores da cidade, na Rampart Street, ficou conhecida como Congo Square. Ali o povo escravizado aproveitava o domingo para se reunir. Essas reuniões constavam de cantos, danças e cerimônias religiosas, incluindo a dança Voodoo.

Os tipos de cerimônias Voodoo realizadas em Congo Square eram bem diferentes do Voodoo tradicional. Os verdadeiros rituais de Voodoo eram secretos e tinham como objetivo o aspecto religioso e ritualístico, enquanto o

---

59 Um "título" tradicional e sucessório que existe até os dias de hoje.

Voodoo em Congo Square era predominantemente uma forma de lazer e celebração da cultura africana. Na década de 1830, Marie Laveau comandou danças de Voodoo em Congo Square e realizou rituais mais sombrios e secretos às das margens do Lago Pontchartrain e Saint John's Bayou. De acordo com Shantrelle P. Lewis (2021):

> *Como rainha, Marie Laveau comandou rituais predominantemente em três locais principais: sua casa na St. Ann Street, em Congo Square e no Lago Pontchartrain.*
>
> *Houve muitas vezes rivalidades sobre quem deveria governar o sistema Voodoo em New Orleans. Antes de Marie Laveau tomar o reinado, havia duas mulheres que a precederam como rainha. A primeira foi Sanité Dédé, que reinou por vários anos antes de ser usurpada por Marie Saloppé, que introduziu Marie Laveau às complexidades da religião e proporcionou sua tutela fundamental.*[60]
>
> *Depois de tomar uma posição proeminente como Rainha Voodoo, Marie Laveau reinou sem contestação até 1850, quando outra mulher creoule chamada Rosalie tentou desafiar seu reinado. Para criar uma*

---

60 Sanité Dédé nasceu escrava no Haiti. Em New Orleans, sendo uma boa empreendedora, acumulou uma grande riqueza com o Voodoo e a venda de comestíveis. Assim conseguiu comprar sua liberdade e pequena casa na Rua Dumaine. Viveu melhor do que alguns brancos! (https://edwardholliday.blogspot.com).

*aura de medo e admiração, Rosalie colocou uma enorme boneca de madeira em tamanho natural no quintal que, segundo se dizia, fora importada da África. A estátua estava coberta de contas e entalhes intricados. Quando as pessoas na comunidade de Voodoo começaram a expressar medo e respeito por Rosalie por causa da boneca, Laveau roubou a estátua. Ela foi levada ao tribunal por Rosalie, mas usou seus poderes de persuasão e influência para ter a boneca permanentemente removida.*

Anualmente, Marie Laveau comandava o ritual da véspera de São João (Saint John's Eve) na ponte Bayou Saint John. Long (2006) explica:

*A sua casa na St. Ann Street não era apenas a casa da família Laveau-Glapion, também servia como templo de Marie Laveau. A sala da frente era cheia de altares com muitas velas, imagens dos santos, flores, frutas e outras oferendas. Ali, Laveau presidia as reuniões semanais as sextas-feiras, assistidas por um grupo central de seus seguidores mais próximos. Um coro de jovens cantores, acompanhado por um velho que tocava acordeão, conduziam a música. Todos os presentes vestiam-se de branco. Ervas, alimentos, licores, velas e moedas eram arrumadas em um pano branco no chão, de acordo com um costume chamado de "espalhar uma festa para os espíritos".*

O culto religioso começava com rezas católicas, como a Ave Maria e o Pai Nosso. Marie vertia no chão água ou vinho, saudando os quatro pontos cardeais, e batia três vezes no chão: "*em nome do Pai, do Filho e do Espírito Santo*". Em seguida, os participantes cantavam e dançavam. Esses rituais tinham por objetivo invocar os espíritos para incorporar nos corpos dos fiéis e dar conselhos à congregação. Uma refeição compartilhada acompanhava o culto.

No quintal de sua casa, Marie Laveau também fazia cerimônias que conjuravam o espírito do Grande Zumbi, a divindade *Damballah Wedo* que, segundo alguns relatos, se manifestava através de uma cobra chamada Zombie. Não temos como afirmar, mas, essa cobra teria sido presente do Duque de Orleans. Alguns dizem que ela tinha também um gato e um galo pretos. Long ainda cita:

> *Entrevistas conduzidas com residentes idosos de New Orleans, durante a década de 1930, como parte do Projeto dos Escritores de Louisiana, trouxeram várias lembranças de Marie, incluindo uma descrição do altar em sua sala, que era usado para preparar 'amuletos de boa sorte, amuletos lucrativos, encantos que seguram o marido' etc. Neste altar ela tinha uma imagem de São Pedro e outra de São Maron.*

Marie formou um grupo de seguidores entre pessoas negras escravizadas e livres, bem como brancos de classe alta e visitantes da cidade, que eram bem-vindos em suas cerimônias. Recorrendo mais uma vez a Long:

*Marie realizava pequenos serviços semanais em sua casa para uma congregação racialmente mista. Havia uma cadeira grande, como a usada na igreja para o bispo, e Marie sentava-se nela na abertura da reunião. Então ela dizia às pessoas para pedirem o que elas queriam. As pessoas eram borrifadas com rum e começavam as danças. As mulheres usavam grandes lenços na cintura. Havia mais pessoas brancas nas reuniões do que negras. A reunião durava de sete a nove horas e no final compartilhavam comidas e bebidas.*

Marie Laveau também fazia cuidados de enfermagem, o que incluía pequenas cirurgias, e recolhia os doentes para serem tratados em sua própria casa. Não havia dia e nem noite e nem tempo feio. A qualquer hora, qualquer um era bem-vindo e era alimentado e alojado. Além de praticar a caridade, Marie também era muito piedosa e para ela era uma tarefa prazerosa fortalecer a fidelidade das almas à Igreja. Por vezes os padres recorriam a Marie quando a frequência dos fiéis diminuía na igreja. Recomendava geralmente o uso de amoníaco, açúcar e noz moscada na água utilizada para lavar a igreja. Em situações mais graves, aconselhava derramar uma garrafa de uísque nos quatro cantos da igreja. Relatos da época dão conta que esta prática aumentava a frequência dos fiéis aos serviços litúrgicos.

Durante os surtos epidêmicos de febre amarela e cólera, a sua presença era sempre solicitada para ajudar a cuidar dos enfermos. Em 1853, uma comissão de cavalheiros, nomeada em uma reunião em massa no Globe Hall, pediu a Marie, em nome do povo, a sua colaboração para atender os doentes atingidos pela febre amarela. Ela aceitou de bom grado a tarefa e lutou contra a epidemia onde ela estava mais intensa. Em função de sua devoção, muitos escaparam da morte. Para Marie Laveau era uma honra trabalhar em benefício dos doentes.

Marie era conhecida por seus atos de caridade e ações sociais com os pobres. Patrocinou a educação de um órfão na Instituição Católica para Indigentes Órfãos e pagou fiança para algumas mulheres negras livres acusadas de crimes brandos. Tinha também o hábito seu visitar os presos juntamente com Père Antoine, como vimos anteriormente. Aos prisioneiros condenados à morte, ela costumava levar um prato da sua famosa receita de gumbo.[61] Não se pode afirmar, mas alguns relatos contam que, algumas vezes, a comida era envenenada para poupar o prisioneiro dos sofrimentos de uma execução dolorosa e degradante no cadafalso. Sempre que um prisioneiro tocava seus sentimentos de piedade e compaixão, Marie lutava intensamente para obter seu perdão, ou pelo menos conseguir uma sentença mais amena, algo que geralmente conseguia.

---

61 Gumbo é um prato tradicional da gastronomia da Louisiana. É um denso ensopado feito com diversos tipos de carnes como mariscos, frango e linguiça de porco.

Robert Tallant foi um dos autores mais conhecidos da Louisiana. Nascido em 1909, em New Orleans, frequentou as escolas públicas locais da cidade. Antes de seguir a carreira literária, trabalhou como redator publicitário, caixa de banco e balconista. Sua amizade com Lyle Saxon levou-o à posição de editor do Louisiana WPA Writers Project durante os anos 1930 e 1940. Nesse cargo, foi coautor da obra *Gumbo Ya-Ya: Contos Folclóricos de Louisiana* em parceria com Lyle Saxon e Edward Dreyer. Citamos algumas de suas obras famosas: *Voodoo in New Orleans* (Pelican Pouch Series); *The Voodoo Queen: A Novel* (Pelican Pouch Series); *Mardi-Gras... As It Was; Evangeline and the Acadians* e *Mrs. Candy and Saturday Night*. Kirkus cita:[62]

> *O livro Voodoo in New Orleans apresentou Marie Laveau para muitos leitores. E para Robert Tallant ela se tornou uma obsessão, de modo que no período de preparação para este romance baseado em sua vida, ele separou fatos da lenda, reminiscência da nostalgia, e contou sua história como sentia que poderia ter sido. Parece um romance, não uma biografia, e para qualquer pessoa interessada no padrão das práticas Voodoo, isso tem grande fascínio, pois Tallant tornou-se parte integrante de cada parte de sua história. Deixando virtualmente um órfão (sua mãe era a amante de um homem branco que a instalara em sua própria casa e a sustentava a ela e a seu filho), Marie foi morar*

---

62 https://www.kirkusreviews.com

*com uma vizinha que lhe ensinou a arte de se pentear. Mas sempre o reino do Voodoo, nascido na selva, de origem africana, dominava-a; ela se sentiu "chamada" e aceitou a tutela nas mãos da então Rainha do Voodoo. Contra esse pano de fundo, opulenta em detalhes, é contada a história de seus casamentos – de seus filhos – de seu grande serviço à cidade enquanto ela cuidava de vítimas de pragas sucessivas, visitava regularmente as prisões e praticava sua feitiçaria sempre para o bem e não para o mal. É um conto absorvente, e os tons emocionais, os conflitos em suas relações humanas, a esmagadora solidão de sua posição, tudo vem através da história de uma vida estranha.*

Adeptos da religião culpam suas obras pela difusão de falsos conceitos do Voodoo como maligno e violento. No seu best-seller *Voodoo in New Orleans,* publicado em 1947, Tallant escreveu sobre Marie Laveau como não ficção, porém a obra continha distorções e "meias verdades". Por exemplo, escreveu que Marie conduzia orgias com sacrifícios de bebês em rituais Voodoo. O autor faleceu depois de tomar três goles de água em sua casa, em abril de 1957, aos 47 anos, dez anos após publicar o livro. Seria uma reação Voodoo às inverdades sobre as atividades de Marie Laveau? Fica a pergunta no ar.

Um dos feitos mais retumbantes de Marie Laveau ocorreu no ano de 1830, como relata Tallant (2003):

*O mais importante dos seus trabalhos de Voodoo foi realizado em sua casa, tendo sido dito que ela usou gris-gris para consegui-lo. Um homem jovem, próspero e de família proeminente foi preso por estar ligado a um crime, sendo que as evidências existentes contra ele eram muito fortes. Seu pai, desesperado para provar a sua inocência, foi até Marie e ofereceu-lhe recompensa generosa pela sua ajuda. No dia do julgamento, a feiticeira entrou na Catedral de St. Louis ao raiar do dia e ajoelhou-se junto ao altar por muitas horas, trazendo três pimentas da Guiné[63] em sua boca. Então, ela entrou sorrateiramente no tribunal e colocou as três pimentas embaixo da cadeira do juiz. O jovem foi inocentado e seu feliz pai presenteou Marie com um pequeno chalé situado na Rua Saint Ann, entre as ruas North Rampart e Burgundy, próximas a Congo Square.[64]*

Na década de 1860, Marie parou de praticar o Voodoo em público devido à saúde debilitada, mas ainda era vista pela cidade atuando nas causas sociais. De acordo com alguns relatos, ela continuou a praticar o Voodoo com

---

[63] Terrivelmente ardidas, por este motivo destacada a quantidade carregada por Marie Laveau (Nota dos autores).
[64] Casa onde já morava. Legalmente a casa pertencia ao seu companheiro, Christophe Glapion que faleceu insolvente no verão de 1855. Após a morte do marido a família passou por uma intensa crise financeira devido às especulações comerciais imprudentes de Glapion. A propriedade da Saint Ann Street foi tomada por dívidas, e Marie Laveau, suas filhas e netos só puderam continuar residindo na casa graças ao pai do jovem inocentado.

maestria na velhice. Ela ficou acamada nos anos finais de sua vida e foi cuidada por sua filha mais nova Marie Philomène (Marie Laveau II) até seu falecimento. Long (2006) relata:

> Na década de 1870, Marie estava velha e frágil. Quando um repórter do New Orleans Daily Picayune a visitou em 24 de junho de 1875, ele a encontrou curvada pela idade e a enfermidade. Sua pele era de bronze escuro e o cabelo grisalho, enquanto a mão trêmula era sustentada por um graveto. Quando perguntada sobre suas práticas religiosas, ela disse que não servia mais aos espíritos Voodoo, e que agora era "crente na fé sagrada".

Ela era um mistério e, há muito tempo, sua história não podia mais ser separada do mito. Marie Laveau faleceu em 15 de junho de 1881, de forma serena em sua cama. O New Orleans Daily Picayune publicou, no dia seguinte, o seu obituário. Vejamos um trecho:

### A Morte da Rainha do Voodoo

> Uma mulher com uma história maravilhosa, quase um século de idade, levada para a tumba ontem à noite
>
> Aqueles que passaram pela antiga casa pitoresca em Saint Ann entre as ruas Rampart e Burgundy, com a frágil cerca à frente, sobre a qual uma ou duas árvores

*são visíveis, notaram, até os últimos anos, através da porta aberta, uma velhinha decrépita descalça, com cabelos brancos como a neve e um sorriso de paz e contentamento iluminando suas feições douradas. Por um longo período, ela passou despercebida de seu lugar habitual.*

*A velha enfraquecida deitou-se na cama com a filha e os netos à sua volta, atendendo a seus desejos. Na quarta-feira, a inválida mergulhou no sono que não conhece o estado de vigília. Aqueles a quem ela mal conhecia lotavam o pequeno cômodo onde ela estava exposta, a fim de dar um último olhar nas feições de quem tinha sido tão gentil. Às seis horas da tarde de ontem, Marie Laveau foi enterrada no túmulo de sua família no Saint Louis Cemetery 1. Seus restos mortais foram seguidos até o túmulo por um grande grupo de pessoas, as mais proeminentes e as mais humildes juntando-se em suas últimas reverências. O padre Mignot conduziu os serviços funerários.*

Em seu obituário, o New Orleans Daily Picayune observou sua natureza piedosa e sua devoção a Jesus:

*Em suma, Marie Laveau era uma mulher maravilhosa. Fazendo o bem apenas pelo bem, não obtinha recompensa, muitas vezes encontrando preconceito e repugnância. Estava sempre contente e não se atrasava em seu trabalho. Ela tinha sempre a causa das pessoas* no coração e estava com elas em todas as coisas. Durante a rebelião tardia, ela demonstrou sua lealdade ao Sul em todas as oportunidades e dispensou totalmente a ajuda àqueles que sofreram em defesa da "causa perdida". Viveu rodeada de imagens sagradas e outras evidências de religião e morreu com uma firme confiança no Céu. Enquanto o sol de Deus brinca ao redor da pequena tumba onde seus restos mortais estão enterrados, ao lado de seu segundo marido, o nome Marie Laveau não será esquecido em New Orleans.

## DEATH OF MARIE LAVEAU

**A Woman with a Wonderful History, Almost a Century Old, Carried to the Tomb Yesterday Evening.**

Those who have passed by the quaint old house on St. Ann, between Rampart and Burgundy streets, with the high, frail looking fence in front over which a tree or two is visible, have, till within the last few years, noticed through the open gateway a decrepid old lady with snow white hair, and a smile of peace and contentment lighting up her golden features. For a few years past she has been missed from her accustomed place. The feeble old lady lay upon her bed with her daughter and grandchildren around her ministering to her wants.

Trecho de seu obituário no *New Orleans Daily Picayune*

Ainda no obituário podemos ler:

> Há alguns anos, antes de perder o controle de sua memória, ela era rica em reminiscências interessantes

*da história de sua vida. Ela falava com frequência do jovem governador americano Claiborne.*[65] *Ela falava às vezes do homenzinho estranho com os maravilhosos olhos brilhantes, Aaron Burr,*[66] *que era tão educado e tão perigoso. Ela adorava falar de La Fayette,*[67] *que visitou New Orleans por volta de 1830. O grande francês veio vê-la em sua casa e beijou-a na testa ao despedir-se. Gostava também de falar sobre o General Andrew Jackson.*[68]

A eminente escritora Lafcadio Hearn se referiu a ela como *"uma das mulheres mais gentis que já existiram"* e no obituário de Marie Laveau, em 1881, no The New York Times, escreveu:

---

65 William Charles Cole Claiborne foi um político estadunidense, o primeiro governador da Louisiana. Ele também foi o mais jovem deputado da história dos Estados Unidos, sendo eleito para a Câmara dos Deputados com 22 anos de idade.
66 Aaron Burr Jr. foi um militar e político dos Estados Unidos, filho de Aaron Burr. Foi tenente-coronel do Exército dos Estados Unidos e membro fundador do Partido Democrata-Republicano no Estado de New York e apoiou fortemente o governador George Clinton. Tornou-se o terceiro vice-presidente dos Estados Unidos (4 de março de 1801 – 4 de março de 1805) durante a presidência de Thomas Jefferson.
67 Marie-Joseph Paul Yves Roch Gilbert du Motier, Marquês de La Fayette, conhecido nos Estados Unidos simplesmente como La Fayette, foi um militar francês que lutou pelo lado revolucionário na Guerra da Independência dos Estados Unidos e foi uma figura importante na Revolução Francesa.
68 Advogado e político americano. Foi o sétimo presidente dos Estados Unidos, de 1829 a 1837. Foi também governador militar da Flórida (1821) e comandante das forças americanas na Batalha de New Orleans.

*Embora a história de Marie Laveau tenha sido muito procurada, nunca foi publicada. Os segredos de sua vida, no entanto, só poderiam ser obtidos pela velha senhora, mas ela nunca contaria a menor parte do que ela sabia.*

Sua filha, Marie Philomène Laveau, cuidou dos preparativos para o funeral para a noite de 16 de junho de 1881, que foi conduzido de acordo com a estrutura digna da Igreja Católica, sem sinal de demonstração de Voodoo. Segundo alguns relatos sobre a sua morte, ela tinha partido desta vida em uma atmosfera totalmente católica.

Após seu falecimento, os periódicos de New Orleans estavam repletos de histórias sobre a sua santidade. Muita gente dizia que ela continuava a ser vista na cidade após essa data. Comentava-se que sua filha, Maria Laveau II, assumiu seu nome e deu sequência à prática da magia após a sua morte, adquirindo notoriedade semelhante à da sua mãe. Não faltou quem dissesse que a velhinha sorridente que morava em um quarto nos fundos da casa de Marie Laveau II, que dizia tê-la recolhido da indigência nas ruas, era sua própria mãe, Marie Laveau, que continuava a ensinar a sua arte à sua filha. No site O Arquivo[69] encontramos:

---

[69] https://www.oarquivo.com.br/extraordinario/pessoas-especiais/4091-marie-laveau.html

> *Sua morte seria perfeitamente normal, exceto pelo fato de que isso não mudou em nada os encontros de Voodoo na Praça Congo e no Lago Pontchartrain, que ela continuava conduzindo do mesmo jeito de sempre. Isso mesmo – apesar de ter tido um enterro público com muitas testemunhas, ela continuou serelepe e faceira, como se nada tivesse acontecido. Aliás, faceira até demais, pois não parecia ter nem metade dos seus 87 anos. Ela estava viva e jovem. Parecia que a Rainha do Voodoo realmente tinha poderes sobrenaturais. Mas a coisa só foi resolvida definitivamente quando Marie Laveau[70] morreu novamente em 1897, agora "de vez".*

Não há maiores evidências de quando a filha assumiu o lugar de sua mãe e se tornou Marie Laveau II. Parece que não há nenhuma data definitiva de quando a transição ocorreu, mas é provável que tenha havido uma substituição eventual em primeiro lugar, seguido de uma aquisição completa mais tarde. Como sua mãe, ela era bonita e havia uma notável semelhança física entre elas. Marie Laveau II herdou e assumiu a arte deixada pela sua mãe e tornou-se conhecida por seus rituais nos pântanos ao redor de New Orleans. Alguns são de opinião de que a celebridade de Marie Laveau II chegou a suplantar a da própria mãe.

Seus feitiços tornaram-se famosos conhecidos e continuam a ser praticados até hoje. Ela confeccionava gris-

---

70 A Marie Laveau II (Nota dos autores).

gris para proteção ou prosperidade que continham pequenos pedaços de ossos, pedrinhas, terra de cemitério, sal e pimenta vermelha. Certa feita, confeccionou um gris-gris mais elaborado, considerado uma poderosa arma contra o mal, que continha o olho seco de um sapo, um lagarto seco, o dedo mínimo de um negro que se suicidara, as asas de um morcego, os olhos de um gato, o fígado de uma coruja e o coração de um galo. Ufa!

Outra prescrição, ideal para ter sorte no jogo, consistia em se pegar um pequeno pedaço de camurça, outro de flanela vermelha, o dente de um tubarão, a seiva de um pinheiro e o sangue de um pombo. Misturava o sangue à seiva e com essa mistura escrevia na camurça o valor que o jogador pretendia ganhar. A camurça, então, era coberta com a flanela vermelha, colocando o dente de tubarão entre ambas e costurando-as com pelo de gato. O feitiço, uma vez finalizado, deveria ser colocado dentro do sapato esquerdo do jogador.

Para conseguir que um amigo "pão-duro" gastasse todo o dinheiro que possuía com uma determinada pessoa, Marie Laveau II orientava que ele tomasse um banho em uma banheira com bórax, canela e uma colher de chá de açúcar. Depois do banho, o cliente ia procurar diretamente o amigo sovina, e este gastava tudo o que tinha com seu camarada.

As formas de Marie Laveau II executar a magia das ervas eram incríveis. Pessoas enfermas eram muitas vezes levadas até ela para sua receber a benção de uma cura.

Picadas de cobras eram comuns naquela região. Para esse acidente ela recomendava capturar uma cobra viva de qualquer espécie, cortar sua cabeça enquanto ela se debatia e aplicar a cabeça na ferida, deixando-a amarrada ali até o raiar do sol do dia seguinte. Os antigos garantem que ela realizou muitas curas verdadeiras, utilizando nos seus tratamentos alguns medicamentos tradicionais. Usava amiúde raízes e ervas que possuíam qualidades terapêuticas autênticas. Para amenizar inchaços e mau jeito, utilizava água quente com sulfato de magnésio, esfregando as partes afetadas com uísque enquanto rezava e acendia velas. Costumava receitar óleo de rícino e outros medicamentos caseiros, sempre acompanhados de rezas e velas.

Marie II aprendeu com sua mãe a arte de ganhar processos judiciais. Para conseguir a absolvição de um condenado, procurava saber os nomes dos jurados, do juiz e do promotor da acusação. Escrevia os nomes em um pedaço de papel que era colocado dentro de uma pedra de gelo e coberto em seguida com açúcar. Acendia nove velas em torno da pedra de gelo no chão, com o punho fechado, recitando orações em uma língua desconhecida. Nos casos mais difíceis, utilizava alternativa: fazer o juiz adoecer. Derretia uma vela preta, colocava um pedaço de papel com o nome do juiz escrito no interior da cera, fazia uma bola e colocava-a em uma tina de banho. Na noite anterior ao julgamento, Marie II entrava na tina e empurrava a bolinha com uma vareta. No dia seguinte, o juiz não aparecia no tribunal.

*Marie Laveau II (único registro iconográfico existente)*
*New Orleans Historic Voodoo Museum*

O homem mais importante da vida de Marie Laveau II jamais foi um dos seus muitos amantes. Ele foi Dr. Jim, também chamado de Índio Jim, que era ¾ índio e ¼ negro. Sua fama de voduísta muito competente em curas começou a incomodar Marie Laveau II, pois sua clientela estava deixando de consultá-la para recorrer aos poderes de Dr. Jim, que utilizava a cerveja como uma das suas principais ferramentas para curar e afastar espíritos indesejados. Marie Laveau II tentou denunciá-lo à polícia e jogar *gris-*

*gris* no seu quintal, mas seus esforços para afastá-lo do seu caminho foram inúteis.

De forma muito inteligente, decidiu aliar-se a ele, ensinando suas artes de Hoodoo e aprendendo com ele suas técnicas de cura. Costumava-se dizer que os espiritualmente perturbados recorriam a Marie Laveau II, ao passo que os doentes e feridos buscavam o auxílio de Dr. Jim. Ele se tornou muito próspero em New Orleans, mas teve um final de vida trágico: um garoto da vizinhança jogou uma pedra na sua cabeça, tendo surgido um abcesso no local que o levou a óbito.

Marie Laveau II teve um relacionamento com um homem branco, Emile Alexander Legendre,[71] que era treze anos mais velho do que ela e casado. Tiveram sete filhos, entre 1857 e 1870, todos classificados como "de cor", e permaneceram como casal até a morte de Emile, em 1872. Depois de sua morte, Marie Laveau II voltou a morar com a mãe, junto dos sete filhos. Marie Laveau estava em declínio de saúde e foi cuidada por Philomène até a sua morte.

Não existem dados suficientes para afirmar como ou quando Marie Laveau II morreu e onde ela foi sepultada. Alguns dizem que foi em 1897. É provável que ela tenha se afogado, durante uma violenta tempestade, no Lago Pontchartrain. No final do século XIX, as opiniões sobre Marie Laveau I eram divididas. Alguns jornalistas e

---

[71] Emile Alexander Legendre, imigrante proveniente de Saint Domingue (atual Haiti), era casado com Françoise Judith Heleine Antonia Toutant Beauregard. Tiveram quatro filhos: Arthur, Gustave, Armand e Armanda.

escritores populares locais exaltaram sua importante ação social e benevolência exemplar, porém outros afirmaram que ela se aproveitava das superstições dos ingênuos. Até hoje, quem se destaca nas práticas espirituais costuma ser rotulado por muitos, com ou sem razão, de charlatões e aproveitadores da boa-fé alheia.

Marie Laveau era muito querida e respeitada por muitas pessoas que haviam se beneficiado de sua assistência ou sabiam de sua reputação de inclusão e caridade. Ela também tinha seus detratores, por quem ela era temida, ridicularizada e estigmatizada como uma feiticeira. Em 1850, ela foi caracterizada pelo New Orleans Daily Picayune como "*a cabeça das mulheres Voodoo*". Um repórter do Daily Crescent foi menos gentil, em 1859, quando a chamou de "*a notória bruxa que reina sobre os ignorantes e supersticiosos como a Rainha Voodoo*". Em 1869, o Commercial Bulletin informou que ela estava se aposentando e que a cerimônia de verão de São João seria "*marcada pela coroação de uma nova rainha no lugar da célebre Marie Laveau*".

O túmulo de Marie Laveau I no Cemitério Saint Louis 1 é uma referência e atração turística em New Orleans. A cripta atrai muitos visitantes, que costumam desenhar três cruzes (XXX) na lateral pedindo realizações mágicas, esperando que o espírito dela lhes conceda a realização de um ou mais desejos. As pessoas ainda deixam oferendas, velas, flores e bonecos de Voodoo na cripta. Podemos ler no mesmo artigo do site O Arquivo citado anteriormente:

*Acredita-se que o cemitério Saint Louis 1, onde ela está enterrada, seja o cemitério mais assombrado da América. Os visitantes afirmam ter visto o fantasma da própria Voodoo Queen, dentro do cemitério, andando em volta de tumbas, com seu turbante de marca registrada.*

Estima-se que nos Estados Unidos, apenas o túmulo de Elvis Presley tem mais visitantes do que o túmulo de Marie Laveau. Joan L. Duffy discorre sobre o assunto no jornal *Advocate* (Baton Rouge, Louisiana), 10 de agosto de 1976:

> *New Orleans (UPI) – Centenas de peregrinos viajam a cada ano para uma tumba em ruínas em St. Louis para esfregar seus pés três vezes no cascalho e rabiscar um "X" vermelho em homenagem a líder que eles acreditam estar lá – Marie Laveu, A Rainha Voodoo.*
>
> *Palavras francesas desbotadas esculpidas na cripta marcam o túmulo de Marie Laveau. Para os fiéis, é o túmulo de uma rainha que transformou a feitiçaria africana negra em uma ciência oculta. Os fiéis vêm pedir favores espirituais ou buscar alívio das maldições.*

Marie Laveau I formulou a primeira doutrina para uma prática de Voodoo e sua reputação foi mantida viva em canções, filmes e romances. Foi retratada na série *American Horror Story* e no universo das HQs Marvel Comics, na década de 1970, ela foi adversária tanto de Drácula quanto do Dr. Estranho. Marie Laveau aparece também em games: é alvo de investigação no jogo *Gabriel Knight* e é citada no jogo *Bloodrayne*, no cenário de Louisiana.

*Imagem do túmulo de Marie Laveau*

Marie Laveau é a personagem da canção homônima do famoso cantor de blues de New Orleans, Dr. John. Ela é a principal referência na trilha *Dixie Drug Store de Grant Lee Buffalo*. É também personagem de uma música country de Bobby Bare, *Marie Laveau*. O maior sucesso do grupo Redbone, *Witch Queen of New Orleans*, foi escrito em sua homenagem. O músico de New Orleans Craig Klein gravou a tradicional canção *Marie Laveau* em seu disco "*New Orleans Trombonisms*".

***Quer ouvir estas e outras músicas dedicadas à Marie Laveau?***

Acesse o QR-Code ao lado com o seu aplicativo preferido ou com a câmera do seu celular ou tablet e **acesse a playlist** que preparamos especialmente pra você!

Carolyn Morrow Long cita:[72]

> *No final da década de 1880 e continuando até a virada do século, os jornais de New Orleans citavam várias mulheres (como Mama Caroline, Madame Frazie e Malvina Latour) como tendo substituído ou sucedido Marie Laveau, mas em nenhum lugar*

---

72 https://wrldrels.org/2017/10/27/marie-laveau.

encontramos qualquer sugestão de que uma de suas filhas tornou-se a nova rainha Voodoo.

Após a morte de Marie Laveau I, sua filha Marie Laveau II tornou-se a principal figura Voodoo, mas era Malvina Latour que ostentava o título de Rainha do Voodoo em New Orleans. *"MARIE LAVEAU está morta! Malvina Latour é rainha!"*: esse foi o anúncio feito pelos jornais de New Orleans quando Marie Laveau faleceu em 1881.

O final do século XX viu uma maior aceitação do Voodoo como religião e de Marie Laveau, que evoluiu de uma aterradora personagem de bruxa para a amada deusa-mãe de New Orleans. Mas, apesar desse tardio interesse por Marie como uma importante referência popular, os acadêmicos consideravam o tema pouco relevante para merecer a árdua pesquisa necessária para descobrir os dados factuais. Isso mudou nos anos 1990 e 2000, quando os estudiosos começaram a ir além dos estereótipos e reexaminaram o papel de Marie Laveau. Citamos alguns dos estudiosos que se dedicaram a essa pesquisa:

ASBURY, Herbert. *The French Quarter: An Informal History of the New Orleans Underworld*. Reprint New York: Garden City Publishing, 1938.

DAGGET, Melissa. *Spiritualism in Nineteenth-Century New Orleans: The Life and Times of Henry Louis Rey*. Jackson: University Press of Mississippi, 2017.

DILLON, Catherine. Unpublished *"Voodoo"* manuscript. Folders 118, 317, and 319. Louisiana Writers' Project (LWP), Federal Writers' Collection. Watson Memorial Library, Cammie G. Henry Research Center, Northwestern State University, Natchitoches, Louisiana, 1940.

DUGGAL, Barbara Rosendale. *Marie Laveau: The Voodoo Queen Repossessed*. Folklore and Mythology Studies, 1991.

FANDRICH, Ina Johanna. *Mysterious Voodoo Queen Marie Laveau: A Study of Spiritual Power and Female Leadership in Nineteenth-Century New Orleans*. New York: Routledge, 2005.

SUSSMAN, Rachelle. *Conjuring Marie Laveau: The Syncretic Life of a Nineteenth-Century Voodoo Priestess in America*. M.A. thesis, Sarah Lawrence College, 1998.

WARD, Martha. *Voodoo Queen: The Many-Spirited Lives of Marie Laveau*. Jackson: University Press of Mississippi, 2004.

Embora a menção ao seu nome ainda hoje provoque arrepios entre alguns, Marie Laveau I, em virtude dos seus feitos mágicos e da sua bondade, passou a ser cultuada como um Loa do Voodoo e do Hoodoo de New Orleans.

*Vèvè de Marie Laveau*

Ela é um espírito benevolente e tremendamente poderoso, ajudando a todos com amor e carinho, sobretudo em casos amorosos e na purificação ou limpeza espiritual das pessoas e dos lugares. Para pedir-lhe graças, você poderá fazer uma oferenda simples, consistente em uma vela rosa claro ou azul claro, um copo com licor doce (anisete é o mais usado), doces (bombons, pudim de leite), cigarrilhas e flores delicadas e perfumadas. Se possível, desenhe o *vèvè* de Marie Laveau com giz ou pemba branca no chão ou em uma tábua de madeira. Se preferir, você pode desenhá-lo com lápis em um pedaço de papel, pois os praticantes do Hoodoo costumam usar qualquer material que tenham à mão.

## O santuário internacional de Marie Laveau

O Santuário Internacional de Marie Laveau é um projeto espiritual e artístico no interior do *New Orleans Healing Center* (Centro de Cura de New Orleans). Está centrado em torno de uma estátua de Marie Laveau criada por Ricardo Pustânio e presenteada para o Santuário Internacional de Marie Laveau, para que os adeptos e visitantes tenham um local apropriado para deixar oferendas e realizar orações. O Santuário está localizado no seguinte endereço: 2372 St. Claude Avenue, New Orleans – LA 70117.

# Outros personagens importantes do Voodoo de New Orleans

## Malvina Latour

Malvina Frappier Latour nasceu em 1848. Era filha de Moise Bailard Latour e Marcelline Blais. Era descrita como uma mulher bonita e porte físico avantajado. Relatos dão conta que ela tinha a pele mais escura do que Marie Laveau I e Marie Laveau II. Por vezes ela era confundida com elas e era frequentemente chamada de "Marie Laveau", tornando-se certo sentido uma espécie de Marie Laveau III.

*Retrato de Malvina Frappier Latour
no New Orleans Historic Voodoo Museum*

Malvina era uma personagem marcante. Gostava de usar vestidos azuis com pontos brancos e um lindo *tignon* escarlate e laranja. Uma de suas primeiras ações como

Rainha do Voodoo não foi bem-sucedida. Ela pretendia excluir os ritos católicos do Voodoo, mas até os dias atuais o Voodoo e o Catolicismo convivem pacificamente. Malvina era católica e afirmava que praticava o Voodoo como meio de vida e não como religião. Substituiu Maria Laveau II em muitas cerimônias e logo criou uma clientela própria.

Malvina Latour casou-se com Louis Patenaude em 28 de janeiro de 1884 e tiveram três filhos.

Uma das festas cerimoniais mais importantes do Voodoo em New Orleans é a Saint John's Eve, na noite de 23 de junho, a noite anterior ao aniversário de São João Batista. A véspera de São João coincide com o solstício de verão, que na Europa pré-cristã se acreditava ser uma época em que o mundo terreno e o mundo espiritual se intercambiam. Essa celebração continua até hoje, e pode ser encontrada ao lado de Bayou St. John na Magnolia Bridge, em frente à Cabrini High School, na Moss Street. Por tradição essa cerimônia é comandada pela Rainha do Voodoo.

Relatos dão conta de que em 1870, em uma igreja negra lotada, Malvina realizou um feito espetacular: curou milagrosamente o Reverendo Turner, que padecia de uma enfermidade incurável. Pessoas iam à sua casa em busca de curas, prosperidade financeira e amor. Não chegou a ter a popularidade de Marie Laveau e Marie Laveau II. Geralmente reproduzia as práticas das duas, e não se tem conhecimento de que ela tenha produzido novos *gris-gris* tão eficientes como os das Laveau. O periódico The Times Democrat publicou certa vez: "*muito mal morre com ela, mas não deveríamos acrescentar um pouco de poesia?"* Talvez seja essa a razão pela qual Malvina Latour não subiu às alturas das Laveau. Ela não tinha a poesia.

Depois do falecimento de Marie Laveau e Marie Laveau II, o Voodoo de New Orleans fragmentou-se em várias partes com muitos líderes. Malvina não teve capacidade de manter o culto intacto e, em 1890, ela não liderava a maioria dos cultos Voodoo em New Orleans, mas apenas um pequeno grupo, porém continuava sendo muito importante no cenário do Voodoo de New Orleans.

Malvina Latour faleceu em 28 de outubro de 1959 e foi sepultada no Precious Blood Cemetery, em Woonsocket, Providence County, Rhode Island, USA.

## LALA, A HERDEIRA DA RAINHA

Durante o Século XIX, as rainhas Voodoo tornaram-se figuras proeminentes do Voodoo em New Orleans, comandando cerimonias e rituais. Sobreviviam preparando encantos, amuletos e pós mágicos para curar doenças e atender os mais variados pedidos. No final dos anos 1970, Irma Thomas, cantora de New Orleans, gravou uma música chamada "Princesa Lala" - baseada em Lala (Laura Hunter) e que pode ser ouvida na *playlist* indicada no capítulo anterior, sobre Marie Laveau. Nela, a intérprete conta e canta os detalhes sobre a famosa Rainha Voodoo que reinou em New Orleans das décadas de 1930 e 1940.

*Lala (Laura Hunter) – Uma Rainha Voodoo*
*B&W photo (1930) - Copyright State Library of Louisianna*

Tallant (2003) escreveu em 1946:

*Se há uma sucessora viva no trono de Voodoo de Marie Laveau, provavelmente é Lala. "Eu tive muitos problemas", admitiu Lala. "Eu fui puxada muitas vezes, mas eles não puderam me fazer nada.*

*Lala declarou:*

*Uma vez eu disse a um juiz para me dar o anel dele e eu o faria andar. Quando ele viu o anel se afastar, ele disse: "Você tem certeza de que é uma mulher inteligente". Então ele me soltou. Você está estudando toda a minha vida.*

# DR. JOHN MONTANEE

John Montanee era mais conhecido como Dr. John ou Jean Bayou e foi um dos introdutores do Voodoo em New Orleans. É reverenciado como Loa pelos bateristas. É o protetor dos homens voduístas e das *rootwomen* (mulheres praticantes do Hoodoo). Foi o pioneiro na venda de poções e gris-gris em New Orleans.

*Dr. John Montanee (arte de Walace Fernando), acervo do autor*

Pouco foi escrito sobre sua vida até a publicação do livro Dr. *John Montanee: A Grimoire*, de Louis Martinie, uma obra rica em documentação da evolução do Voodoo de New Orleans no século XXI. Alvarado (2011) diz:

> Depois de examinar a assinatura do Dr. Jean, penso que ele era um homem motivado e trabalhador, que tinha o desejo de não só se sair bem e se ajustar aos acontecimentos de sua vida – como alguém que foi roubado, vendido como um escravizado e trazido à força para um país diferente (Cuba).

Existem alguns relatos que dizem que foi um filho de um príncipe Bambaran. Foi um homem escravizado, mas, sua fortaleza interna levou-o à sua libertação final da escravidão. Denise Alvarado ainda conta:

> O seu mestre das Índias Ocidentais (região de Antilhas e Bahamas) o ensinou a ser um excelente cozinheiro, afeiçoou-se muito a ele e acabou libertando-o. Assim, Dr. Jean deixou Cuba para ser cozinheiro em um navio e, finalmente, acabou em New Orleans, onde essas suas características de força, carisma e fortaleza estabeleceram-no como o líder de um grupo de enroladores de algodão.

> Nessa comunidade, ele começou a ser conhecido por seus perceptíveis poderes sobrenaturais e por sua habilidade em predizer o futuro. Isto deu o tom para o seu

*grande sucesso em New Orleans. Através das várias narrativas de sua história, podemos ver a sua capacidade de transcender o desempenho normal de uma determinada tarefa e exceder todas as expectativas.*

Tornou-se uma lenda em New Orleans, um respeitado *gris-gris man* com muitas posses. Diz-se que teve muitos amores e foi grande curador, articulando as práticas católicas com o Voodoo.

PROVOST COURT—*Judge Kinsman.*—John Montanet, a free man of color, was yesterday before the Court as an applicant for his daughter's freedom. From the pleadings before the Court it would appear that Montanet lived with a slave woman, by whom he had two children, one of whom died, and the other—the subject of the application—is now about eleven years of age. It was in proof that Montanet intended to procure the freedom of his wife and had paid $600 to her owner, but that the act of manumission had never been perfected. The daughter, too, had been taken to Cincinnati, where she was baptized by a priest. According to the laws of Louisiana, the status of a child is governed by the condition of the mother, and the girl was consequently a slave. Being in financial difficulties, Montanet executed a mortgage on his slave daughter, and under this mortgage she was sold in February to Mr. Salvoie. It was to set aside this sale and establish the freedom of his daughter that this suit was brought, and though Mr. Roselius, for the defence, claimed that the sale was legal and should not be overturned, the Judge thought otherwise and decreed that the girl was free.

The Times-Pycaune, 09/10/1862

**PROVEDOR DE JUSTIÇA** – *Juiz Kinsman. John Montanee, um homem negro livre, compareceu ontem perante o Tribunal pleiteando a liberdade de sua filha. Das alegações anteriores à Corte, parece que Montanee viveu com uma escrava, com quem teve dois filhos, um dos quais morreu, e a outra, o sujeito do pedido, tem agora cerca de onze anos de idade. Era prova de que Montanee pretendia obter a liberdade de sua esposa e pagou US $ 600 a seu dono, mas que* o ato de alforria nunca fora aperfeiçoado. A filha foi levada para Cincinnati, onde foi batizada por um padre. De acordo com as leis de Louisiana, o status de uma criança é governado pela condição da mãe, e a menina era consequentemente uma escrava. Em meio a dificuldades filantrópicas, Montanee executou uma hipoteca de uma filha escrava e, sob essa hipoteca, foi vendida em fevereiro ao Senhor Sal Voie. Era para anular esta venda e estabelecer a liberdade de sua filha de que este processo foi trazido, e embora o Senhor Koselins, para a defesa, alegasse que a venda era legal e não deveria ser anulada, o juiz pensou o contrário e decretou que a garota estava livre.

## Trabalhando com o Dr. John

Para começar, é melhor não pedir qualquer favor a Dr. John. Basta dar-lhe algumas oferendas e começar a desenvolver um relacionamento com ele. Quando ele fizer sua presença conhecida para você através de sonhos, visões e manifestações físicas, então será o momento apropriado para começar a fazer-lhe pedidos.

### Oferendas a Dr. John

- Licor de absinto
- Terra de cemitério
- Raiz High John (Jalapa)
- Raiz Low John (Trillium Pendulum)
- Pó de tijolo vermelho

- Ervas e raízes curativas em geral
- Gris-gris

Visite a página de alguns conjures em *drjohnvoodoo.com* para mais orientações e ideias, incluindo a instrução para fazer lâmpadas mágicas *gris-gris*. Para quem deseja conhecer melhor o Voodoo e o Hoodoo recomendamos a obra de Denise Alvarado, *The Voodoo Hoodoo Spellbook*.

# HOODOO

O Hoodoo é uma forma tradicional de magia popular afro-americana. Geralmente, seus adeptos são também chamados de *Conjurer* (conjurador) e *Rootworker* (raizeiro). De forma geral, poderíamos dizer que o Hoodoo é união de três vertentes tradicionais de magia, cura e folclore: o Vodu haitiano; o conhecimento sobre ervas e cura dos nativos norte-americanos e o conjunto de técnicas magicas e sabedorias compiladas de alguns grimórios europeus como o *Grimorium Verum*, o *Grimório Papal* (Papa Honório), *O Livro de Abramelin* e até mesmo *As Chaves de Salomão*. O Hoodoo também foi muito influenciado pelos livros de L.W. de Laurence, *O grande livro de artes mágicas, Magia hindu e Ocultismo das índias orientais*[73] e *O amigo perdido há muito tempo*,[74] célebre grimório norte-americano do século XIX.

---

73 LAURENCE. L. W. The Great Book of Magical Art, Hindu Magic and East Indian Occultism. Forgotten Books, 2018. Esse livro hoje é publicado com o nome The Obeah Bible, isto é, A Bíblia da Obeah.
74 The Long-Lost Friend.

A palavra *hoodoo* foi registrada pela primeira vez no idioma inglês em 1875, utilizada para descrever um feitiço ou poção mágica. O Hoodoo nasceu no ambiente de opressão vivido pelos escravizados norte-americanos e parte deles trazia conhecimentos ancestrais das suas tribos, outros aprenderam com escravizados fugidos do Caribe, chamados grosseiramente de *marons*. Na falta dos elementos litúrgicos com que estavam acostumados em suas tradições, passaram a lançar mão de qualquer item que estivesse ao alcance. Exemplo disso foi a substituição das estátuas esculpidas na madeira *iroko* por bonecas comuns, de pano ou cera. Em decorrência das suas origens muito humildes, o Hoodoo destaca-se dentre outras tradições mágicas justamente por trabalhar com elementos comuns que qualquer um tem em sua casa (ou ao menos tinha, quando essas práticas vieram à luz). Normalmente, o *conjurer* trabalha em sua própria casa, muito embora haja dois outros locais essenciais à prática do Hoodoo: a encruzilhada e o cemitério.

Aquele que pretende estudar e praticar Hoodoo no Brasil encontra alguma dificuldade seja porque várias plantas tradicionais são encontradas somente na flora da América do Norte, seja porque é muito comum o uso de receitas prontas de pós e banhos, vendidos nas lojas do ramo, chamadas botânicas. Ainda assim, com algum esforço é possível adquirir essas ervas e aprender as receitas de alguns banhos e pós, como as que apresentaremos a seguir. Uma alternativa prática para alguns desses ingredientes mágicos é visitar a loja online da Editora Arole Cultural em *www.arolecultural.com.br/hoodoo* que oferece alguns pós e óleos prontos para a prática Hoodoo no Brasil.

Ao contrário das religiões formais, o Hoodoo não possui uma hierarquia estruturada. Também não apresenta uma teologia, sacerdotes e leigos estabelecidos, ou ordens de trabalhos litúrgicos próprios. Seus adeptos quase sempre são pessoas laicas dentro de uma comunidade cristã, que têm algum tipo de conhecimento específico de magia e da tradição do Hoodoo. As suas práticas podem ser adaptadas a qualquer uma das várias formas de culto religioso. Em suma, Hoodoo não é religião, é um modo de vida. Um tradicional curandeiro *hoodoo* costumava ser um indivíduo nômade, que viajava de cidade a cidade vendendo seus trabalhos, e às vezes montando uma loja nas comunidades.

Basicamente, podem ser identificadas três influências religiosas sobre o Hoodoo: Católica, Protestante e Voodoo. Ainda assim, o Hoodoo excluiu de si toda e qualquer religião, mas o seu adepto deve ter uma religião, fé, crença em algo maior: Deus, Deusa, Loa, Orixá etc. Em New Orleans, o Hoodoo é fortemente influenciado pelo Catolicismo, sendo comuníssimas as receitas que recorrem ao poder dos Santos (dentre os mais célebres, Santo Expedito, Santo Antônio e São Cipriano). Já nos estados protestantes, as receitas usam muito a recitação de versículos da Bíblia e os Salmos, ao passo que onde há influência do Voodoo, como ocorre em toda a Louisiana, é comum recorrer-se a Loas como *Erzulie, Papa Legba, Ogou e Maman Brigitte*.

Outra característica do Hoodoo é que nele se

dispensa qualquer cerimônia iniciática. Os *conjurer* ou *rootworkers* praticam aquilo que aprenderam em suas famílias ou com seus mestres, sem que tenham passado por qualquer iniciação formal ou mesmo bênção sacramental.

Muitas vezes o Hoodoo é confundido com o Voodoo, pois ambos têm muito em comum, mas são coisas diferentes. O Voodoo é uma religião e o Hoodoo é uma prática afro-americana de magia popular e também um complemento de fé. Um praticante frequentemente vê o Hoodoo como uma espécie de poder pessoal que ajuda a si ou a outras pessoas através do conhecimento de ervas, minerais, partes de animais, fluidos corporais e posses.

*Um altar de Hoodoo, foto de Greg Willis*

O Hoodoo utiliza muitas técnicas do Voodoo no tocante ao uso da magia (uso de óleos, pós, bonecas etc.).

Além das famosas bonecas de pano ou de cera usadas para todos os fins, são muito típicas do Hoodoo as *mojo bags*, bolsinhas mojo ou *gris-gris*, que são saquinhos contendo ervas, pedras, ossos ou pele de animais para atrair algo ao seu detentor; os *curios*, que são itens de origem animal, como dente de crocodilo, pé de coelho, pele de cobra e pelo de gato preto; bem como os óleos com nomes muito curiosos, como retratado no site da célebre botânica Lucky Mojo[75], também conhecidos como óleos para vestir ou óleos para untar. Diz-se que o óleo Visão Psíquica traz sonhos proféticos e visões, o óleo Trabalho Constante ajuda o usuário a manter-se empregado e o óleo John the Conqueror Root (raiz de jalapa) é sabidamente tido como capaz de aumentar e fortalecer a potência sexual.

O Óleo de Van-Van é o mais famoso dentre todas as outras fórmulas de New Orleans e Algiers, na Louisiana. Ele é usado para limpar feitiços feitos pelos inimigos, dissipar o mal, trazer boa sorte e aumentar o poder de amuletos e talismãs. Seu modo de preparo é o seguinte: mistura-se um pouco de capim-limão e uma pitada de sal a um vidro contendo azeite de oliva, o qual será levado ao banho-maria para amornar. Após isso, o óleo deverá ser guardado num local escuro por no mínimo 30 dias. Tanto os ingredientes quanto o óleo deverão ser consagrados, podendo-se, para tanto, usar do mesmo método ensinado para a confecção do *gris-gris*

---

75 http://www.luckymojo.com/oils.html

# BREVE RECEITUÁRIO HOODOO, CONJURE E ROOTWORK

1. Vinagre é excelente para combater energias negativas, mau olhado e má sorte. Visando a esses objetivos, lave as portas da sua casa com a seguinte mistura: em um balde contendo água, adicione meio copo de vinagre de vinho, quatro colheres de sopa com sal de cozinha e um limão espremido. Reze o Salmo 23[76] após misturar os ingredientes à água e passe o preparado nas portas utilizando um pano. Após terem se secado naturalmente, você também poderá cruzá-las, fazendo uma pequena cruz em cada porta com azeite de oliva preparado também com a recitação do Salmo 23.

2. Para se livrar de um inimigo, passe uma vela branca em todo o seu corpo, começando na cabeça e terminando nos pés. Ao fazê-lo, ore pedindo para se livrar do inimigo. Isso feito, acenda a vela e recite em voz alta Neemias 9, 27-28[77]. Deixe a vela queimar completamente.

---

76 Uma vez que há uma diferença entre a numeração entre os salmos da Vulgata e da versão hebraica da Bíblia, daremos aqui o primeiro versículo do salmo: O Senhor é o meu pastor; nada me faltará.
77 "Pelo que os entregaste nas mãos dos seus opressores, que os angustiaram; mas no tempo de sua angústia, clamando-os a ti, dos céus tu os

3. Caso precise pedir justiça contra alguém que o prejudicou de algum modo, acenda uma vela vermelha, recite Samuel II 22, 49-51[78] e diga o seu pedido em voz alta.

4. Querendo recuperar um amor perdido, cubra uma pequena mesa ou altar com um tecido vermelho vivo e arrume lírios, vinho tinto, uma vela vermelha de sete dias e uma foto da pessoa amada. Disponha os lírios, o vinho e a vela em formato de triângulo (a vela no topo, o vinho à direita e os lírios à esquerda). Desenhe um coração na foto, usando tinta ou caneta vermelha, e coloque-a no centro do triângulo. Reze a Santo Antônio pedindo que ele traga seu amor de volta. Repita a oração todos os dias até a vela terminar de queimar.

5. Para vencer uma ação judicial injustamente proposta contra você, separe uma vela alaranjada de sete dias, um rosário novo, uma tigela,

---

ouviste; e, segundo a tua grande misericórdia, lhes destes libertadores que os salvaram das mãos dos que os oprimiam. Porém, quando se viam em descanso, tornavam a fazer o mal diante de ti; e tu os desamparavas nas mãos dos seus inimigos, para que dominassem sobre eles; mas, convertendo-se eles e clamando a ti, tu os ouviste dos céus e, segundo a tua misericórdia, os livraste muitas vezes."

78 "O Deus que me tirou dentre os meus inimigos; sim, tu que me exaltaste acima dos meus adversários e me livraste do homem violento. Celebrar-te-ei, pois, entre as nações, ó Senhor, e cantarei louvores ao teu nome."

pó retirado do fórum ou do tribunal e pó ou terra retirado do semáforo mais próximo da sua casa. Em uma mesa, disponha a tigela contendo ambos os pós, colocando o rosário ao seu redor. Bata três vezes a base da vela na mesa e peça a São Pedro para protegê-lo da acusação injusta e fazê-lo vencer a demanda. Peça também para que ele abençoe o rosário, transferindo-lhe seu poder de proteção. Acenda a vela dentro da tigela. Você deverá repetir a prece três vezes por dia até que ela termine de queimar. Após isso, pegue o rosário e amarre-o no retrovisor do seu carro ou carregue-o consigo.

6. Necessitando trazer dinheiro para casa, arranje um guardanapo de pano, uma vela branca, louro em pó, canela em pó, açúcar, azeite de oliva sobre o qual se recitou o Salmo 23 e um papel no qual você escreverá seu pedido para que entre dinheiro no seu lar. Abra o guardanapo em uma mesa, queime o papel com o pedido e misture as suas cinzas ao louro em pó, canela e pó e açúcar. Escreva seu nome na vela de baixo para cima (você pode usar a ponta de uma faca, um alfinete ou uma agulha), unte-a com o azeite consagrado ou óleo de Van-Van (no Hoodoo, isso se chama "vestir" a vela) e role-a sobre a mistura dos pós. Segure a vela,

então, próximo da sua boca e faça uma oração a Deus pedindo dinheiro. Acenda-a e depois que ela queimar, enterre qualquer resto de cera no seu quintal ou em uma praça.

7. O café é muito poderoso quando se quer fazer uma limpeza espiritual e remover quaisquer bloqueios que estejam em seus caminhos. Uma maneira tradicional de se utilizar suas propriedades é preparar o seguinte banho: um copo de café forte, quatro colheres de sopa com sal e o suco de um limão. Após misturar esses itens em um balde ou recipiente, adicione água a gosto e recite Isaias 54, 17[79]. Tome então seu banho e deixe a mistura secar em você naturalmente por cerca de 10 minutos. Depois disso, tome seu banho de asseio como de costume.

8. No Hoodoo, é muito comum o uso de *mojo bags* ou *gris-gris*, que nada mais são do que saquinhos contendo itens vegetais, minerais e animais que se prestam a atrair aquilo de que necessita o seu possuidor.

---

79 "Toda arma forjada contra ti não prosperará; toda língua que ousar contra ti em juízo, tu a condenarás; esta é a herança dos servos do Senhor e o seu direito que de mim procede, diz o Senhor."

Aqui segue uma receita de *mojo bag* para atrair dinheiro e prosperidade: arrume um pedaço de flanela verde ou tecido de algodão cru, um pouco de barbante de algodão, duas pitadas de tomilho seco triturado, uma pitada de canela, um imã pequeno, um pedacinho de casca de laranja, um pedaço de raiz de jalapa, também conhecida como batata de purga (um dos itens mais usados no Hoodoo, é conhecida como *High John the Conqueror Root*), três grãos de feijão fradinho, uma nota de um dólar (você pode substituir pela menor nota em circulação no Brasil, atualmente a de R$ 2,00). Você também precisará de um prato, de uma vela, de um copo com água, de um copo com rum ou whisky, de um charuto e de *Allspice Oil*, isto é, óleo com pimenta da Jamaica (este óleo deve ser preparado com um mês de antecedência: em um vidro, coloque pimenta da Jamaica até a metade e complete com azeite de oliva; leve ao banho-maria, sem deixar ferver, e depois guarde o vidro num local escuro por um mês). Para fazer o saquinho, acenda uma vela para iluminar o seu trabalho, coloque um copo com água ao lado e misture as ervas em um recipiente. Bafore as ervas com a fumaça do charuto e borrife-as com rum ou whisky. Apresente o recipiente com as ervas para os quatro pontos cardeais e faça suas preces. Uma prece poderosa para esse trabalho é a recitação de Deuteronômio 28, 1-13[80]. Coloque as ervas no pano e vá falando com elas (por exemplo: canela, seja o fogo neste trabalho que me trará prosperidade; jalapa, traga dinheiro para mim). Ofereça novamente as ervas aos quatro pontos cardeais. Feche o saquinho com o barbante, dando sete voltas, enquanto continua a fazer seus pedidos e, ao final, dê três nós. Você poderá carregar essa bolsinha no bolso ou, caso queira torná-la ainda mais poderosa, vá a um banco onde haja algum jardim ou local de terra; abra um pequeno buraco na terra, coloque três moedas como pagamento do trabalho espiritual e enterre o saquinho. Três dias depois, você desenterrará o saquinho e poderá carregá-lo consigo.

9. Para fazer um pó de proteção, você precisará de talco (ou pó de arroz), arruda, angélica, alecrim, sálvia branca e louro (todas as ervas devem estar secas). Triture as ervas até torná-las um pó fino e misture com o talco. Não se esqueça de orar pedindo proteção e de conversar

---

[80] "O Senhor te porá por cabeça e não por cauda; e só estarás em cima e não debaixo, se obedeceres aos mandamentos do Senhor, teu Deus, que hoje te ordeno, para os guardar e cumprir."

com as ervas determinando o seu propósito. Feito isso, recite o Salmo 23[81] sobre o pó.

10. Outra receita de pó é voltada à prosperidade no lar. Pegue um pouco de pó do batente da porta de sua casa, um pouco de pó da encruzilhada mais próxima da sua casa, açúcar, canela em pó e um pouco de dinheiro picado. Misture tudo e vá jogando a mistura na sua casa a partir da porta da frente. Deixe-a descansar por alguns minutos e varra tudo com uma vassoura, começando da porta dos fundos até a frente. Recolha toda a mistura e jogue-a no centro da mesma encruzilhada.

11. Em muitas casas do sul dos Estados Unidos podem ser vistos pés de galinha pendurados na porta das casas como amuleto de proteção. De fato, os pés de galinha são um elemento essencial das práticas de Hoodoo. Você pode obtê-los junto a uma avícola e secá-los cuidadosamente ao sol. Uma vez seco, você poderá usar seu pé de galinha para a limpeza espiritual de si próprio ou dos outros. Para tanto, basta ir passando o pé de galinha pelo corpo todo e, depois, girar no sentido anti-horário com ele

---

[81] O Senhor é meu pastor, nada me faltará.

nas mãos (se estiver fazendo em você mesmo, deverá girar também). Enquanto assim procede, vá repetindo o primeiro versículo do Salmo 23.

12. Se você quiser que visitas indesejadas não retornem à sua casa, espalhe no chão uma mistura de pimenta preta moída e sal. Após alguns instantes, varra o pó para fora da sua casa.

13. Os proprietários de casas abertas ao público e comércios em geral podem protegê-las da inveja, da má-sorte e de qualquer mal polvilhando o pó resultante da trituração de folhas secas de boldo uma vez por mês no local.

14. Caso queira purificar um local sem defumá-lo, coloque um quadradinho de cânfora em cada canto e deixe-os evaporar-se naturalmente.

15. Para ter boa sorte no jogo, em uma prova, competição ou em qualquer empreendimento, lave suas mãos com chá de camomila enquanto recita o Salmo 23.

16. Para limpar uma casa onde houve ocorrências de violência, homicídio, suicídio ou forte infestação de forças astrais inferiores, incense-a

durante quatorze dias com uma mistura de canela, sândalo, mirra e olíbano.

Uma das mais tradicionais receitas do Hoodoo é o "*Vinagre dos Quatro Ladrões*", usado para limpezas espirituais e proteção contra magia negativa. A seguir duas receitas dele: a primeira, mais simples, consiste em socar um punhado de alho descascado, colocá-lo em um vidro e preenchê-lo com vinagre de vinho tinto. A outra, mais trabalhosa, envolve socar o mesmo punhado de alho com alguns cravos da índia, folhas de arruda, folhas de sálvia e colocar a massa resultante em um vidro, onde se acrescentará um copo de aguardente em que se dissolveu um tablete de cânfora e completar com vinagre de vinho tinto. Independentemente da receita, o vidro deverá descansar por um mês em um local escuro antes de ser usado.

17. Para afastar pessoas más de um local, misture pétalas de cravo branco ao Vinagre dos Quatro Ladrões e borrife o preparado recitando o Salmo 37[82].

18. Um trabalho eficaz para cessar fofocas e

---

[82] "Não te indignes por causa dos malfeitores, nem tenhas inveja dos que praticam a iniquidade."

calúnias é espetar vários cravos da Índia em uma vela vermelha e acendê-la com essa intenção.

19. Caso queira se livrar de vícios como tabagismo e alcoolismo, tome regularmente banhos com folhas de eucalipto.

20. Para garantir felicidade conjugal, faça uma mistura de flores de lavanda, botões ou pétalas de rosa e coloque-a embaixo da cama do casal.

21. Se um homem está maltratando uma mulher e ela quer livrar-se dele, deve comprar uma faca nova e arranjar um limão fresco. Então, sem que seja notada, deverá segui-lo, ir cortando pedaços do limão e jogando-os no seu rastro. Feito isso, deverá voltar para casa, enterrar a faca na soleira da sua porta e dizer: *Em nome do Pai, do Filho e do Espírito Santo, eu nunca mais quero ver (nome).* Se o homem em questão perceber o que a mulher está fazendo, ela deverá repetir todo o processo novamente, inclusive adquirindo outra faca.

22. O arroz da sorte é um recurso muito comum no Sul dos Estados Unidos. O método é simples: coloque grãos de arroz nos seus sapatos de

uso diário e não os retire por setenta e duas horas seguidas (naturalmente, você deverá usar apenas esses sapatos durante esse período). Após isso, espalhe os grãos no chão da sua casa e depois varra-os. Espalhe esse arroz, então, no seu negócio ou nas suas terras.

23. Para ser feliz numa nova residência, deixe o sal e a vassoura que utilizava na casa antiga no meio do caminho da mudança e entre na nova com uma vassoura e um saco de sal também novos.

24. As folhas de violeta são usadas para atrair um novo amor. Para tanto, ponha uma folha de violeta no seu sapato de uso diário e não a retire antes de sete dias (naturalmente, você deverá usar apenas esses sapatos durante esse período). Carregue depois essa folha na carteira ou na bolsa.

## Faça Você Mesmo o seu Gris-Gris

O *gris-gris* é um talismã muito tradicional no Hoodoo e no Voodoo da Louisiana, tratando-se de um pequeno saquinho de tecido, normalmente na cor vermelha, no qual se colocam objetos variados para atrair aquilo que seu portador deseja. Há *gris-gris*, portanto, para a saúde, proteção, sorte, dinheiro e amor.

Alguns defendem que a origem da palavra seria africana, mais particularmente de Gana, e derivaria do hábito dos negros muçulmanos carregarem talismãs consistentes em saquinhos contendo trechos do Corão. Outros sustentam que a palavra *gris-gris* veio do modo como os escravizados norte-americanos falavam a palavra francesa *grise*, cinza, uma vez que costumavam confeccionar seus talismãs com o tecido cinzento que lhes era dado para costurar roupas.

Aqui, ensinaremos como fazer um gris-gris de proteção e boa sorte. Você precisará dos seguintes itens:

- Um pedaço de flanela ou feltro vermelho;
- Angélica
- Hissopo
- Capim-limão
- Jalapa
- Um pouco de sal grosso

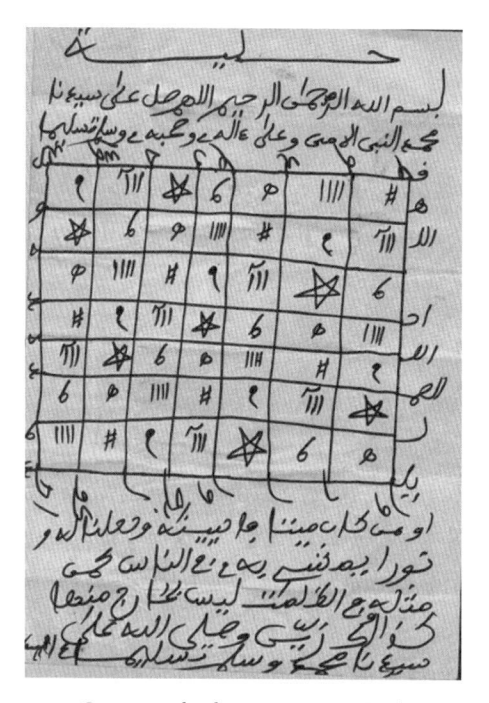

*O conteúdo de um gris-gris Fula*

A Angélica, o Hissopo e o Capim-limão são plantas tradicionalmente associadas à proteção, ao equilíbrio e à purificação. O sal grosso é um elemento mineral cuja função é repelir o mal. Já a Jalapa, conhecida como *High John the Conqueror*, é a planta mais relevante do Hoodoo e é usada para atrair sorte e poder. Primeiramente, você deverá costurar seu gris-gris, da seguinte maneira:

1. Pegue um pedaço de flanela ou feltro vermelho e corte-o no formato de um retângulo;
2. Corte um pedaço menor que o anterior, deixando uma pequena borda;

3. Costure os retângulos um sobre o outro, deixando um pequeno espaço aberto numa das laterais;
4. Corte os cantos quatro cantos da costura, sem abri-la e sem danificar a costura, virando o saco do avesso.

Feito isso, você colocará todos os itens sobre uma superfície limpa e os aspergirá com água benta. Aqui, você poderá escolher entre usar água benta obtida junto a uma igreja ou abençoar você mesmo a água segundo o método Hoodoo. Nesse caso, basta misturar um pouco de sal em um recipiente contendo água e, impondo as mãos, recitar o Salmo 23.

Acenda uma vela branca, que representará a luz divina que sempre está a brilhar sobre a sua vida e seus caminhos. Caso você tenha óleo de Van-Van, um tradicional óleo Hoodoo, poderá untar sua vela com ele, mas isso não é essencial.

Tome um a um os ingredientes nas mãos e os apresente aos quatro quadrantes - norte, sul, leste e oeste -, dizendo em voz alta o propósito pelo qual você está utilizando aquele elemento. Lembre-se de que poderosos espíritos ancestrais e seres ligados às forças da natureza ouvirão o seu chamado e acudirão em seu auxílio, caso você esteja imbuído de propósitos puros.

Encha o seu saquinho com os elementos e, ao terminar de costurá-lo, dê três pontos para dentro e três pontos para fora, ou seja, três pontos na direção do seu corpo e três pontos na direção oposta. Os primeiros atrairão a boa sorte que você está pedindo, ao passo que os segundos repelirão o mal e as forças contrárias.

Deixe seu gris-gris ao lado da vela e quando ela se apagar, passe a levá-lo consigo todos os dias, preferencialmente junto ao corpo.

# O USO DOS SALMOS NO HOODOO

A tradição do uso dos Salmos para fins mágicos é muito forte nos Estados Unidos, fruto do folclore trazido pelos alemães que se radicaram na região da Pensilvânia e cujo conjunto de saberes antigos foi denominado de *Pow Wow*. A absorção da utilização mágica dos Salmos pelo Hoodoo deu-se através de praticantes cuja matriz religiosa era o protestantismo. Em 1930, o livro *"Secrets of the Psalms, a Fragment of the Practical Kabala"* (Segredos dos Salmos, um fragmento da Cabala prática) de Godfrey Selig foi publicado em inglês e fez muito sucesso entre os praticantes de magia popular. Outros livros que muito contribuíram para a difusão dessa prática foram os grimórios do século XVIII conhecidos como o *Sexto e o Sétimo Livros de Moisés*, bem como os já citados livros de John George Hohman.

A seguir, serão indicadas as finalidades mágicas de cada salmo, bem como a cor da vela recomendada; quando forem indicadas mais de uma cor de vela no mesmo Salmo, deve-se observar que elas seguem a sequência de objetivos indicada a cada um deles. De todo modo, uma vela na cor branca ou uma lamparina de azeite podem ser usadas em qualquer ocasião.

| SALMO | VELA | FINALIDADE |
|---|---|---|
| 1 | Vermelha | Gravidez de risco |
| 2 | Rosa | Perigo no mar ou tempestade |
| 3 | Azul | Dor de cabeça |
| 4 | Verde | Boa sorte |
| 5 | Violeta | Relações com o governo e burocracias |
| 6 | Azul | Doenças oculares |
| 7 | Violeta | Desfazer um feitiço |
| 8 | Verde | Para ser bem-sucedido nos negócios e em transações comerciais |
| 9 | Azul e violeta | Criança doente e proteção contra o mal e os inimigos |
| 10 | Violeta | Afastar almas penadas e espíritos malignos |
| 11 | Violeta | Proteção contra opressão e perseguição |
| 12 | Violeta | Proteção contra opressão e perseguição |
| 13 | Violeta | Ficar seguro por 24 horas |
| 14 | Rosa e violeta | Conquistar confiança e favores e proteção contra corruptos |
| 15 | Violeta | Depressão |
| 16 | Vermelha | Felicidade |
| 17 | Violeta | Proteção em viagens |
| 18 | Violeta | Proteção contra ladrões |

| 19 | Azul | Doença grave |
| 20 | Violeta | Para evitar perigo e sofrimento por um dia |
| 21 | Violeta | Tempestade no mar |
| 22 | Violeta | Tempestades e perigos terrestres |
| 23 | Branca e azul | Bênçãos, divinação e sonhos |
| 24 | Vermelha | Ganhar força contra a oposição |
| 25 | Vermelha | Ganhar força contra a oposição |
| 26 | Verde | Desemprego |
| 27 | Rosa | Ser bem aceito num novo local |
| 28 | Rosa | Estabelecer a paz com alguém com quem não se dá bem |
| 29 | Violeta | Conquistar poder |
| 30 | Violeta | Livrar-se do mal |
| 31 | Violeta | Contra a calúnia |
| 32 | Violeta | Perdão, graça e amor divinos |
| 33 | Vermelha | Afastar a morte de uma criança pequena |
| 34 | Verde | Obter favores de pessoas importantes |
| 35 | Violeta | Causas judiciais |
| 36 | Violeta | Causas judiciais |
| 37 | Azul | Alcoolismo |
| 38 | Violeta | Contra calúnia |
| 39 | Violeta | Contra calúnia |
| 40 | Vermelha | Concretizar desejos |
| 41 | Violeta | Reconquistar confiança após ser caluniado |
| 42 | Azul | Receber instruções em sonhos |
| 43 | Violeta | Reconquistar confiança após ser caluniado |

| 44 | Violeta | Proteção contra os inimigos |
|----|---------|------------------------------|
| 45 | Vermelha ou rosa | Trazer amor e paixão e restabelecer o amor e a paz conjugal |
| 46 | Vermelha ou rosa | Trazer amor e paixão e restabelecer o amor e a paz conjugal |
| 47 | Rosa | Ser amado |
| 48 | Violeta | Proteção contra a inveja |
| 49 | Azul | Febre |
| 50 | Azul | Febre |
| 51 | Branca | Limpeza e purificação |
| 52 | Violeta | Livrar-se da calúnia |
| 53 | Violeta | Livrar-se de perseguições de inimigos |
| 54 | Violeta | Livrar-se de perseguições de inimigos |
| 55 | Violeta | Livrar-se de perseguições de inimigos |
| 56 | Violeta | Problemas materiais |
| 57 | Verde | Atrair dinheiro |
| 58 | Rosa | Comunhão em paz com os animais e a natureza |
| 59 | Violeta | Possessão espiritual |
| 60 | Violeta | Proteção durante a guerra |
| 61 | Verde | Abençoar um novo lar |
| 62 | Violeta | Perdoar alguém |
| 63 | Violeta | Livrar-se de um contrato |
| 64 | Verde | Viagem marítima |
| 65 | Verde | Bênçãos e sorte em empreendimentos |
| 66 | Violeta | Obsessões e compulsões |
| 67 | Violeta | Proteção contra maus eventos |

| 68 | Violeta | Proteção contra maus eventos |
|----|---------|------------------------------|
| 69 | Violeta | Quebrar maus hábitos |
| 70 | Violeta | Quebrar maus hábitos |
| 71 | Violeta | Livrar alguém da escravidão |
| 72 | Verde | Prosperidade e bons relacionamentos |
| 73 | Verde | Todos os propósitos |
| 74 | Verde | Todos os propósitos |
| 75 | Verde | Todos os propósitos |
| 76 | Verde | Todos os propósitos |
| 77 | Verde | Todos os propósitos |
| 78 | Verde | Todos os propósitos |
| 79 | Verde | Todos os propósitos |
| 80 | Verde | Todos os propósitos |
| 81 | Verde | Todos os propósitos |
| 82 | Verde | Todos os propósitos |
| 83 | Verde | Todos os propósitos |
| 84 | Azul | Doenças crônicas |
| 85 | Rosa | Restaurar a paz entre dois amigos |
| 86 | Verde | Auxiliar alguém a ter sucesso |
| 87 | Verde | Auxiliar alguém a ter sucesso |
| 88 | Verde | Auxiliar alguém a ter sucesso |
| 89 | Azul | Cura à distância |
| 90 | Violeta | Domar animais selvagens e proteção da casa |
| 91 | Violeta | Proteção contra o mal |
| 92 | Verde | Conquistar respeito |
| 93 | Violeta | Causas judiciais |

| 94 | Violeta | Ganhar poder sobre um inimigo |
| 95 | Violeta | Evitar que um amigo cometa erro grave |
| 96 | Verde | Felicidade e bênçãos para a família |
| 97 | Verde | Felicidade e bênçãos para a família |
| 98 | Rosa | Paz na família |
| 99 | Azul | Desenvolver poder interior |
| 100 | Violeta | Proteção contra inimigos desconhecidos |
| 101 | Violeta | Mau-olhado |
| 102 | Vermelha | Fertilidade |
| 103 | Vermelha | Fertilidade |
| 104 | Violeta | Melancolia |
| 105 | Azul | Febre |
| 106 | Azul | Febre |
| 107 | Azul | Febre |
| 108 | Verde | Abundância no lar |
| 109 | Violeta | Vencer um inimigo poderoso |
| 110 | Violeta | Conquistar charme e carisma |
| 111 | Violeta | Conquistar charme e carisma |
| 112 | Violeta | Equilíbrio e harmonia |
| 113 | Violeta | Equilíbrio e harmonia |
| 114 | Verde | Sucesso em um negócio |
| 115 | Violeta | Ensinar melhor |
| 116 | Violeta | Segurança em geral |
| 117 | Violeta | Para não dizer palavras impensadas |
| 118 | Violeta | Incrementar a força de vontade |
| 119 | Violeta | Aumentar a inteligência e melhorar a memória *(versículos 9 a 16)* |

|     |                  |                                                                                |
| --- | ---------------- | ------------------------------------------------------------------------------ |
|     | Violeta          | Auxílio na vida espiritual *(versículos 33 a 41)*                              |
|     | Azul             | Ajudar um amigo a vencer a melancolia *(versículos 49 a 56)*                   |
|     | Azul             | Dores no quadril, problemas renais ou hepáticos *(versículos 65 a 72)*         |
| 120 | Violeta          | Julgamento justo                                                               |
| 121 | Violeta          | Segurança em uma viagem noturna                                                |
| 122 | Violeta          | Conquistar o favor de uma autoridade                                           |
| 123 | Rosa e Amarelo   | Manter os amigos por perto e obter brilho social num evento formal             |
| 124 | Violeta          | Segurança em uma viagem por água                                               |
| 125 | Violeta          | Ganhar poder sobre os inimigos                                                 |
| 126 | Violeta          | Abençoar e proteger crianças                                                   |
| 127 | Violeta          | Abençoar e proteger crianças                                                   |
| 128 | Violeta          | Proteger uma gravidez                                                          |
| 129 | Violeta          | Conquistar um poder espiritual                                                 |
| 130 | Violeta          | Ajudar a fugir do perigo                                                       |
| 131 | Violeta          | Para vencer o orgulho                                                          |
| 132 | Violeta          | Para não dizer palavras impensadas                                             |
| 133 | Rosa             | Ganhar e conquistar amigos verdadeiros                                         |
| 134 | Violeta          | Sucesso de uma festa e bom desempenho em provas e exames.                      |
| 135 | Branca           | Proteção contra tentações                                                      |
| 136 | Violeta          | Quebrar ciclos de negatividade                                                 |

| 137 | Violeta | Para vencer o ressentimento |
| 138 | Rosa | Atrair amor |
| 139 | Vermelho | Intensificar o amor de um casal |
| 140 | Violeta | Problemas matrimoniais |
| 141 | Violeta | Vencer o medo |
| 142 | Azul | Dores nos braços e nas pernas |
| 143 | Azul | Dores nos braços e nas pernas |
| 144 | Azul | Fraturas |
| 145 | Violeta | Afastar maus espíritos |
| 146 | Azul | Feridas |
| 147 | Azul | Infecções |
| 148 | Violeta | Proteção contra incêndio |
| 149 | Violeta | Proteção contra incêndio |
| 150 | Vermelho | Transformar tristeza em alegria |

# ORAÇÃO TRADICIONAL DO HOODOO PARA ABRIR CAMINHOS

Esta prece é encontrada nos populares vidros de velas de sete dias comercializados pelas botânicas e lojas de artigos religiosos nos Estados Unidos. Ela abre os caminhos para o dinheiro, a saúde, o sucesso, o amor e a felicidade.

*"Eu invoco a sublime influência do Pai Eterno para obter sucesso em todos os assuntos da minha vida e amenizar todas as dificuldades que estão em meu caminho.*

> *Eu invoco o auxílio do Espírito Santo, a fim de que a minha casa prospere, assim como a minha empresa, e eu mesmo receba um sinal de boa sorte enviado pela Divina Providência.*
>
> *Ó, Grande Poder Oculto, eu imploro à Vossa Suprema Majestade para que me afasteis do perigo, neste preciso momento, e que meu caminho seja iluminado pela luz da boa fortuna.*
>
> *Eu receberei as bênçãos dos céus. Eu acredito em Deus Pai Todo-Poderoso. Amem!"*

# AS RECEITAS MAIS TRADICIONAIS DO HOODOO

Seria impossível cobrir todas as receitas tradicionais do Hoodoo, seja porque este livro se presta a ser apenas uma introdução ao tema, seja porque não se pode pretender esgotar toda uma tradição popular, ainda mais quando já se faz tão antiga. Prova disso é que sequer a obra monumental de Harry Middleton Hyatt conseguiu nem de longe cobrir todo o vasto campo da tradição do Hoodoo.

Hyatt era um pastor anglicano que, nas horas vagas, tinha como hobby o folclore do Sul dos Estados Unidos, tendo se dedicado a coligir centenas de entrevistas com praticantes ao longo da década de 50 em cinco grossos volumes. Essa obra, intitulada *"Hoodoo - Conjuration - Witchcraft – Rootwork"*, é a mais completa coleção de receitas, feitiços, preces e práticas tradicionais, mostrando-se valiosíssima, portanto, a quem quer que queira se aprofundar de verdade nesse rico e multicolorido universo da magia popular norte-americana.

Dentre a infinidade de receitas do Hoodoo, as categorias mais conhecidas são aquelas que envolvem lavagens de chão e banhos, potes com mel (e açúcar), feitiços em jarros e garrafas em geral, feitiços colocados dentro dos sapatos e comidas enfeitiçadas. Assim, além do receituário Hoodoo incluído neste livro, daremos alguns exemplos bem práticos (e infalíveis) dessas variantes tradicionais.

Vamos lá!

## As águas do Hoodoo

No universo da tradição do Hoodoo, nada é mais vasto do que o conjunto de receitas envolvendo águas mágicas (ou *Conjure Waters*). Há receitas muito simples de lavagens de chão como, por exemplo, misturar anil à água, ou água benta, ou *Florida Water*[83] ou, ainda, chá de lavanda (*Lavandula angustifólia*) ou hissopo (*Hyssopus officinalis*). Tanto faz se você usar essas águas para efetivamente lavar o chão, derramando baldes de água no solo, ou usá-las para

---

[83] *Florida Water* é uma colônia do século XIX multiuso no Hoodoo, em cultos caribenhos e sul-americanos como Maria Lionza. Há duas versões: a americana, mais cítrica, e a latina, mais adocicada e "quente", dada a grande quantidade de canela usada na fórmula. Não é difícil encontrá-la à venda na internet e você também pode encontrá-la na loja Arole Cultural em www.arolecultural.com.br/hoodoo.

molhar o pano que será passado no chão da sua casa ou do seu comércio. Fato é que um praticamente de Hoodoo jamais usará água comum para limpeza, mas sempre adicionará a ela um ou mais dos ingredientes acima listados para garantir a limpeza espiritual e a proteção do local, bem como para atrair boa sorte e felicidade.

Há receitas um pouco mais elaboradas, como este banho para abertura de caminhos e limpeza de bloqueios energéticos:

### *Ingredientes:*

- 2 velas brancas
- um punhado de hissopo (*Hyssopus officinalis*)
- um punhado de arruda (*Ruta graveolens*)
- um punhado de agrimônia (*Agrimonia eupatoria*)
- 1 charuto
- 1 copo de rum
- Florida Water (água florida)
- um pedaço de pano branco para envolver a cabeça
- Roupa de cama branca

### *Modo de fazer:*

Acenda a vela e reze o Salmo 91 ("Aquele que habita no esconderijo do Altíssimo..."). Coloque as ervas em um prato e apresente-as às quatro direções (leste, oeste, norte e sul), invocando seus espíritos ancestrais.

Reze o Salmo 51[84] e bafore as ervas com a fumaça do charuto e molhe-as com rum. Macere as ervas em água fria, caso tenha optado por ervas frescas, ou faça um chá com elas, caso tenha escolhido ervas secas. Coada a mistura, acrescente um pouco de *Florida Water* (não ponha muito!).

Acenda a outra vela branca no banheiro, tome o banho da cabeça aos pés (sim, você deve banhar sua cabeça também!), seque-se, envolva a cabeça com o pano branco e vá se deitar sobre a roupa de cama branca que você separou.

Permaneça pelo menos uma hora deitado, se possível em oração, fazendo seus pedidos a Deus e aos ancestrais.

Outra receita bastante conhecida é uma dupla lavagem de chão para atrair clientela para o seu comércio e protegê-lo da inveja e do mau-olhado:

### *Ingredientes:*

- 1 colher de café de óleo essencial de bergamota (*Citrus bergamia*)
- 1 colher de café de óleo essencial de cravo-da-índia (*Syzygium aromaticum*)
- 1 colher de café de óleo essencial de cedro (*Cedrela odorata*)
- 1 colher de café de óleo essencial de canela (*Cinnamomum zeylanicum/zeylanicum*)
- 1 colher de chá de açúcar
- um pouco da sua urina fresca

---

[84] "Tem misericórdia de mim, ó Deus..."

### *Modo de fazer:*

Para a primeira lavagem, você misturará os óleos essenciais de bergamota, cravo-da-índia e cedro em um balde de água e lavará o chão do seu estabelecimento comercial de dentro para fora. Para a segunda lavagem, que deve ser feita imediatamente depois da primeira, você misturará o óleo essencial de canela, o açúcar e um pouquinho da sua urina, lavando o chão do local de fora para dentro. Por razões óbvias, não exagere na quantidade de urina! Algumas gotas são suficientes.

Há, ainda, receitas muito curiosas, de uso bastante disseminado, como as seguintes:

## Lavagem para atrair clientes a uma casa noturna

Coloque um pouco de açúcar no pé esquerdo de um calçado masculino e queime-o até reduzi-lo a cinzas. Misture essas cinzas à água usada para lavar o chão, acrescentando, ainda, uma colher de sopa de açúcar, uma colher de sopa de sal e uma colher de sopa da sua própria urina.

## Lavagem de New Orleans para atrair clientes a um restaurante

Num balde grande contendo água, misture uma colher de sopa de óleo essencial de gerânio (*Pelargonium graveolens*), uma colher de sopa de óleo essencial de canela (*Cinnamomum zeylanicum/zeylanicum*) e uma colher de sopa de açúcar. Essa água será usada para lavar a calçada em frente ao restaurante antes que as suas portas sejam abertas ao público.

## Hoodoo, doce Hoodoo!

Os feitiços envolvendo mel e açúcar são legendários no Hoodoo, sendo conhecidos como *Honey Spells, Sugar Spells e Jar Spells*. Selecionamos, aqui, alguns muito curiosos e não menos certeiros!

Começaremos com duas receitas de Zora Neale Hurston, que foi uma grande escritora e antropóloga americana integrante do chamado "*Renascimento do Harlem*", nascida no final do século XIX e falecida na década de 60 do século XX. Ela escreveu clássicos como "*Their Eyes Were Watching God*", "*Tell My Horse*", "*Moses, Man of the Mountain*" e "*Mules and Men*".

**Um jarro para doces desejos**

Encha um pote grande e com tampa com mel e açúcar. Escreva seus desejos num pedaço de papel e coloque-o dentro do pote. Você pode inserir quantos papeis com desejos quiser nesse recipiente, cujo melhor lugar para ser guardado é a cozinha. Muito simples, não? De fato, mas extremamente eficaz, tanto assim que é das receitas mais antigas e populares de que se tem notícia.

## Para ser amado pelas pessoas

### *Ingredientes:*

- 9 colheres de chá de amido de milho
- 9 colheres de chá de açúcar
- 9 pitadas de pó de aço
- *Jockey Club Cologne*[85] (ou qualquer outra colônia masculina)
- 9 pedaços bem largos de fita branca, azul, vermelha ou amarela
- Linha amarela

### *Modo de fazer:*

Misture os pós e molhe-os com um pouco da água de colônia. Coloque um pouquinho da mistura num pedaço de fita e dê um nó, dizendo em voz alta o nome de uma pessoa cuja simpatia você quer conquistar. Envolva a fita com o fio amarelo, dando nós e dizendo sempre o nome da pessoa.

Repita o processo com os outros oito pedaços de fita, escolhendo uma pessoa diferente por vez. Esconda essas nove bolsinhas feitas com fita atrás de um armário, embaixo do tapete ou de um móvel.

Vamos, agora, a duas receitas que envolvem potes de mel, o tradicionalíssimo *"Honey Jar Spell"*:

---

[85] Colônia tradicional usada em apostas e jogos. Consegue-se encontrá-la na *internet*.

## Pote de mel para o amor

Arrume um fio de cabelo seu e um fio de cabelo da pessoa amada. Num pedaço de papel, escreva os nomes de ambos bem juntinhos e desenhe um coração em cima. Faça um rolinho e amarre-o com os dois fios de cabelo juntos.

Insira esse rolinho num pote com mel (e tampa), juntamente com as pétalas de duas rosas vermelhas, dizendo: *"assim como este mel é doce na língua, assim eu serei doce para (nome da pessoa amada)"*. Tampe o pote e acenda uma vela vermelha ou cor-de-rosa sobre ele.

Até que seu desejo se realize, você pode acender uma vela todas as segundas, quintas e sextas-feiras.

## Pote de mel para trazer paz a um grupo de pessoas

Este feitiço pode ser usado para qualquer grupo de pessoas: família, trabalho, vizinhos, colegas etc. Escreva os nomes das pessoas em um só pedaço de papel ou escreva-os em papeis individuais. Embora não seja indispensável, tente obter cabelos dessas pessoas (pode parecer difícil, mas você se surpreenderá se tentar colocar fita crepe ou fita adesiva no encosto das cadeiras onde elas se sentam).

Coloque os nomes (e os fios de cabelo, se os tiver) num pote com mel (e tampa), juntamente com alfazema/lavanda seca (*Lavandula angustifólia*). Tampe o pote e acenda uma vela branca sobre ele. Você pode acender uma nova vela a cada domingo e a cada quinta-feira.

# Pisando com força!

Outro "clássico" do Hoodoo é o variadíssimo conjunto de feitiços envolvendo pedaços de papel colocados dentro do sapato. Pode-se dizer que esse tipo de feitiço é uma arte em si mesma, que deve ser devidamente estudada, mas, aqui, daremos alguns exemplos fáceis de fazer:

## Papel no sapato para uma entrevista de emprego

É importante usar um papel que represente a empresa ou local no qual você será entrevistado. Você pode obter um folder comercial, caso haja, ou imprimir uma página do site da empresa. Se você for destro, coloque o pé direito sobre essa folha de papel e marque o contorno do seu pé a lápis. Se você for canhoto, faça o mesmo, mas com o pé esquerdo.

Recorte esse contorno do seu pé, mas do lado de dentro da linha riscada com o lápis, a fim de que esse recorte caiba dentro do seu sapato. Nesse pedaço de papel, você escreverá o versículo 9, do capítulo 11, do Evangelho de São Lucas da seguinte maneira: "*Por isso, vos digo (escreva seu nome): Pedi, e dar-se-vos-á (escreva o nome da empresa ou do estabelecimento); buscai, e achareis (escreva o cargo para o qual quer ser contratado); batei, e abrir-se-vos-á (escreva o cargo e o nome da empresa)*".

Desenhe cifrões nesse pedaço de papel e faça uma cruz nele com o dedo molhado em azeite de oliva. Coloque, então, esse pedaço de papel no seu sapato direito (se for destro) ou esquerdo (se for canhoto) e vá confiante para a sua entrevista de emprego!

## Para vencer uma demanda judicial

Caso você esteja envolvido em um processo judicial no qual lhe estejam sendo lançadas acusações injustas, faça o seguinte: usando uma caneta específica para escrever sobre superfícies plásticas (um marcador permanente usado para CDs, por exemplo) escreva, numa folha de sálvia, de louro ou de bananeira, os nomes dos doze apóstolos: Simão Pedro, André, Tiago (filho de Zebedeu), João, Filipe, Bartolomeu, Tomé, Mateus, Tiago (filho de Alfeu), Judas Tadeu Judas, Simão (o zelote) e Judas Iscariotes. Coloque-a dentro do seu sapato direito. Então, num pedaço de papel, escreva o nome do juiz e coloque-o dentro do seu sapato esquerdo.

Esse feitiço é particularmente útil em dias de audiências judiciais ou de julgamentos num tribunal, mas você pode renová-lo sempre que quiser até assegurar a sua vitória (ou a extinção do processo movido contra você).

## Para ter proteção

Escreva o Salmo 91 (*"Aquele que habita no esconderijo do Altíssimo..."*) num pedaço de papel. Acenda uma vela sobre o papel (coloque-a, naturalmente, num pratinho ou num castiçal) enquanto reza esse salmo em voz alta nove vezes. Coloque-o esse pedaço de papel dentro do seu sapato esquerdo sempre que precisar de proteção, principalmente quando tiver de se dirigir a algum local perigoso.

### Para dominar alguém

Esta aqui é clássica e, obviamente, envolve uma boa dose de reflexão ética. Eu recomendo que seja feito apenas em casos graves, em que é preciso ajudar alguém a vencer um vício por exemplo. De todo modo, seja qual for a sua intenção, escreva o nome da pessoa sete vezes em um pedaço de papel, a sua intenção e o versículo 3 do Salmo 47: *"Ele nos submeteu os povos e pôs sob os nossos pés as nações."*

Coloque esse pedaço de papel dentro do seu sapato direito. Todas as vezes que você se lembrar da pessoa, bata três vezes o pé no chão enunciando o nome da pessoa em voz alta ou mentalmente.

## Garrafas mágicas

Quando o assunto são as garrafas mágicas ou *"Bottle Spells"*, a criatividade é o limite! Você pode criar garrafas para proteção, prosperidade, amor, cura ou qualquer objetivo que tenha em mente. Com os dois exemplos abaixo, você pode ter uma ideia de como trabalhar dessa maneira e até mesmo criar o seu próprio feitiço (lembre-se de que as receitas do Hoodoo não foram ensinadas por Deus ou por seus anjos, mas foram criadas por pessoas como você e eu).

## Garrafa da prosperidade

Escreva a sua intenção ou desejo num pedaço de papel, bem como o seu nome duas vezes por cima, em forma de cruz. Coloque esse papel enrolado dentro de uma garrafa, na qual também colocará pó de ouro, pó de prata, uma nota de dinheiro, canela em pau, louro, cravos-da-índia, uma pequena pirita e um pedacinho de imã (ou imã pequeno).

Feito isso, você completará a garrafa com um chá feito com uma nota de dinheiro, canela em pau, louro e cravos-da-índia, ao qual acrescentará, depois de esfriar, uma dose de rum. Tampe a garrafa e acenda uma vela sobre a sua boca ou ao seu lado. Todos os dias, chacoalhe a garrafa dizendo em voz alta o seu desejo.

## Garrafa para aumentar seus poderes psíquicos

Esta garrafa ajudará a aumentar seus poderes psíquicos, pretenda você ter sonhos lúcidos ou proféticos, tornar mais certeira a sua leitura de oráculos, despertar clarividência e telepatia etc. Para tanto, decore uma garrafa colando sua fotografia no lugar do rótulo e pintando símbolos astrológicos (seu signo lunar não pode faltar!), naipes de cartas e qualquer símbolo que signifique o universo psíquico e imaginal para você.

Dentro da garrafa coloque anis-estrelado, sálvia, artemísia, uma ametista e uma pedra da lua. Cubra com água e adicione nove gotas de óleo essencial (ou essência) de jasmim ou de lavanda. Deixe a garrafa durante uma noite inteira de lua cheia ao ar livre, a fim de que receba suas vibrações. Após isso, acenda uma vela branca ou violeta às sextas-feiras, com a intenção de incrementar seus poderes psíquicos.

Agora, vamos ao uso prático dessa garrafa: se você quer ter sonhos lúcidos ou proféticos, deixe-a perto da sua cama ou embaixo dela; se você quer melhorar a sua interpretação de oráculos, deixe-a junto a você quando estiver lidando com divinação; se você quer ter visões na garrafa, chacoalhe-a e olhe fixa, mas calmamente para o líquido dentro dela.

## Garrafa de bruxa para proteção do lar

Esta receita é uma das mais clássicas que se conhece no campo da magia, sendo encontrada em várias tradições e em várias culturas. Ao que tudo indica, a sua origem é a velha Europa, mas ela se disseminou de tal maneira entre os praticantes de Hoodoo que pode ser também considerada um patrimônio dessa tradição. Só tem um ponto bastante relevante: esta garrafa só pode ser feita por mulheres![86] No mais, a sua confecção é bem simples: arranje uma garrafa de vidro escuro e que tenha tampa. Dentro dela, coloque toda sorte de objetos cortantes e perfurantes:

---

[86] Há versões masculinas dessa receita, mas fato é que a fórmula tradicional é realizada apenas por mulheres.

lâminas de barbear, estiletes, agulhas, alfinetes. Feito isso, você deverá completá-la com a sua própria urina, preferencialmente aquela do período menstrual. Agora, é só fechar a garrafa e colocá-la atrás da porta de entrada da casa ou perto dela, de preferência bem escondida.

## Cozinha Mágica

Há centenas de receitas mágicas no Hoodoo, uma tradição construída a partir daquilo que se tem à mão em casa e, por que não, na cozinha. Essa magia se faz exatamente como Violet Devereaux cozinhou o seu gumbo[87] no filme "A Chave Mestra" (*The Skeleton Key*): cozinhando, mas com intenção! Ah, você não assistiu ao filme "A Chave Mestra"? Então vá vê-lo, pois ele é inteirinho sobre Hoodoo! Depois disso, delicie-se com as nossas receitinhas!

### Almôndegas da prosperidade

*Ingredientes:*

- carne moída
- migalhas de pão
- 1 ovo (*para fertilidade*)
- 1 xícara de leite (*para nutrição*)

---

[87] Ensopado tradicional do Sul dos Estados Unidos, cuja receita é facilmente encontrada na internet, mas que aqui não forneceremos por envolver ingredientes regionais de difícil acesso na maior parte do Brasil.

- 1 cebola roxa picada (*para boa sorte*)
- sal (*para proteção*)
- pimenta preta moída (*para proteção*)
- manjericão (*para dinheiro, sucesso e felicidade*)
- noz-moscada (*para prosperidade*)
- azeite de oliva (*para abençoar*)

*<u>Modo de fazer:</u>*

O truque, aqui, é ir misturando os ingredientes enquanto diz, em voz alta, o poder mágico de cada qual. Concentre-se nas qualidades mágicas de cada ingrediente como se você fosse uma velha bruxa de contos-de-fada preparando uma poção mágica.

No mais, é muito simples fazer a massa das almôndegas: misture tudo, deixando o leite para o fim, a fim de obter uma consistência macia, mas suficientemente firme para enrolar no formato de bolinhas (o tamanho delas é com você). Você poderá fritar suas almôndegas em óleo quente ou cozinhá-las num bom molho de tomates.

## Açúcar de rosas para o amor

Este açúcar você pode usar como quiser, indo bem em doces diversos ou mesmo para adoçar sucos, chá e café. A receita é extremamente simples: num pilão, pile açúcar com pétalas de rosa cor-de-rosa. Enquanto pila o açúcar e as rosas, deixe-se preencher pelo mais puro sentimento de amor de que for capaz (se você estiver de mau-humor, triste ou irritado, deixe essa receita para outro dia!).

Essa mistura descansará por uma semana, coberta por uma fina camada de açúcar comum. Depois disso, basta peneirar e usar seu açúcar mágico para arrancar suspiros de corações apaixonados e sorrisos de simpatia dos seus amigos.

## Molho Pesto da reconciliação

Para brigas de casal, esta receita é tiro e queda!

### *Ingredientes:*

- manjericão (*para amor e harmonia familiar*)
- salsa (*para amor*)
- amêndoas (*para amor*)
- azeite de oliva (*para abençoar*)
- vinagre balsâmico (*para adoçar o azedume*)
- queijo parmesão (*para nutrir a relação*)
- sal (*para proteção*)

### *Modo de fazer:*

Antes de mais nada, recite o Salmo 45 com as mãos estendidas sobre o azeite de oliva *("De boas palavras transborda o meu coração...")*. Misture os ingredientes usando um pilão ou um processador (neste caso, o sabor ficará mais intenso). Dose o manjericão, a salsa e o sal conforme o seu gosto. As amêndoas e o parmesão ajudarão a formar a massa. O vinagre balsâmico e o azeite, acrescidos aos poucos, darão a textura fluida ao molho, que poderá ser servido com a massa de sua preferência. Mas lembre-se: enuncie as propriedades mágicas de cada ingrediente ao acrescentá-los na receita e vá repetindo a sua intenção em voz alta enquanto prepara o prato.

## Bolo de Santo Expedito para alcançar uma graça

Faça uma novena para Santo Expedito pedindo-lhe aquilo de que necessita e prometendo-lhe este bolo, caso seu pedido seja por ele atendido. O santinho tem um fraco por esse bolo e certamente atenderá rapidamente o seu desejo!

### *Ingredientes:*

- 2 xícaras manteiga (*para amaciar os caminhos*)
- 4 xícaras de farinha de trigo
- 2 xícaras de açúcar (*para adoçar sua vida*)
- 10 ovos (*para limpeza espiritual*)
- 1 colher de café de noz-moscada (*para prosperidade*)
- 1 colher de café de suco de limão (*para afastar o azar*)

### *Modo de fazer:*

Misture a manteiga e o açúcar até obter uma massa

macia e sem grânulos. Acrescente os ovos um a um; só acrescente o ovo seguinte depois de o ovo anterior ter se misturado perfeitamente à massa. Junte a farinha e a noz-moscada. Por fim, acrescente o suco de limão e bata muito bem. Numa assadeira larga, leve ao forno pré-aquecido a 300-325º por 80 a 90 minutos.

Ofereça o bolo em agradecimento a Santo Expedito, mas não deixe de prová-lo, beneficiando-se da sua magia. Ah, não custa lembrar: assim como nas outras receitas, a mágica acontece no momento do preparo. Siga as mesmas regras anteriores portanto!

## Ponche da boa sorte

### *Ingredientes:*

- 1 garrafa de sidra (*para sorte no amor*)
- 1 garrafa de suco de Cranberry (*Oxicoco, para afastar inimigos e quebrar maldições*)
- 5 paus de canela (*para sorte com dinheiro*)
- 2 gotas de essência de baunilha (*para sorte no amor*)

### *Modo de fazer:*

Deixe a canela descansando na sidra por meia hora. Retire-a e acrescente o suco de Cranberry e a essência de baunilha. Deixe a bebida descansar na geladeira por uma noite. Ao servir, você pode acrescentar vinho tinto a gosto.

# Daqui pra frente

Estamos chegando ao final da nossa jornada sobre os mistérios do Vodu, Voodoo e Hoodoo. Como forma de agradecimento pela sua companhia até aqui, preparamos um ebook exclusivo com diversas outras receitas mágicas para todos os fins que você pode praticar na sua casa. Para acessá-lo basta visitar o site ***www.arolecultural.com.br/ebook/feiticos-hoodoo*** e fazer o cadastro utilizando o código promocional abaixo e o código de barras que aparece na contracapa deste livro! Você receberá por e-mail o link de acesso ao ebook **Feitiços Hoodoo para o Dia-a-dia**, gratuitamente!

VODU-F53031

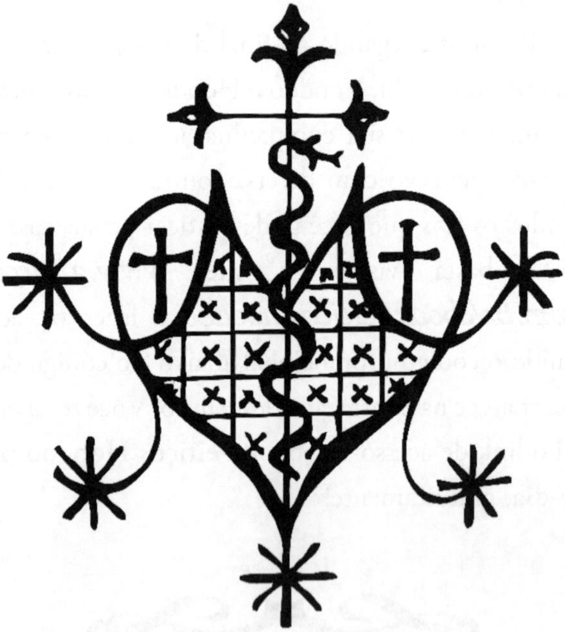

# Referências Bibliográficas

ALVARADO, Denise. The Superposition of Dr. Jean A Handwriting Investigation. Article.

_____. The Voodoo Hoodoo Spellbook, Neburyportk, Weiser Books, 2011.

ASSIS, Diogo. Cientista defende verdades por trás do mito dos zumbis. 28/01/2010. Disponível em <https://g1.globo.com/Noticias/PopArte/0,,MUL1466802-7084,00-CIENTISTA+DEFENDE+VERDADES+POR+TRAS+DO+MITO+DOS+ZUMBIS.html>. Acesso em 21.06.2021.

BEAUBRUN, Mimerose Pierre, Nan dòmi, an initiate's journey into Haitian Vodou, San Francisco, City Lights Books, 2013.

BIRD, Stephanie Rose, 365 Days of Hoodoo: Daily Rootwork, Mojo & Conjuration, Woodbury, Llewellyn, 2018.

CASAS, Starr. Old Style Conjure: Hoodoo, Rootwork, & Folk Magic, Neburyport, Weiser Books, 2017.

_____. The Conjure Workbook, Volume 1: Working the Root, Los Angeles, Pendraig Publishing, 2013.

CHIREAU, Yvonne; LaMenfo, Mambo Vye Zo Kommande, "Esoteric Writing of Vodou: Grimoires, Sigils, and the Houngan's Notebook" in FINLEY, S. C.; GUILLORY, M. S.; PAGE JR., Hugh R., Esotericism in African American Religious Experience: "There is a Mystery", Leiden, Brill, 2014.

CORFIELD, Samantha e CORFIELD, Matthew. The Priyè Grinen. Disponível em <https://www.spellmaker.com/Voodoo-Convention/2010ConferenceDocuments/THEPRIYEGINEN.pdf>. Acesso em 21.06.2021

DAVES, Wade, A serpente e o arco-íris, São Paulo, Zahar, 1986.

DEREN, Maya, Divine Horsemen: Living Gods of Haiti, Kingston, McPherson & Co, 1998.

FANDRICH, Ina Johanna. Mysterious Voodoo Queen Marie Laveau: A Study of Spiritual Power and Female Leadership in Nineteenth-Century New Orleans. Ph.D. dissertation, Temple University, 1994.

FILAN, Kenaz. The Haitian Vodou Handbook: Protocols for Riding with the Lwa, Rochester, Destiny Books, 2004.

_____. The New Orleans Voodoo Handbook, Rochester, Des-tiny Book, 2011.

FRISVOLD, Nicholaj de Mattos. A arte dos indomados. São Paulo, Pe-numbra, 2011.

GALEMBO, Phyllis. Vodou – Visions and Voices of Haiti, Berkeley, Ten Speed Press, 2005.

GORDON, Leah. The Book of Vodou, New York, Quarto Book, 2000.

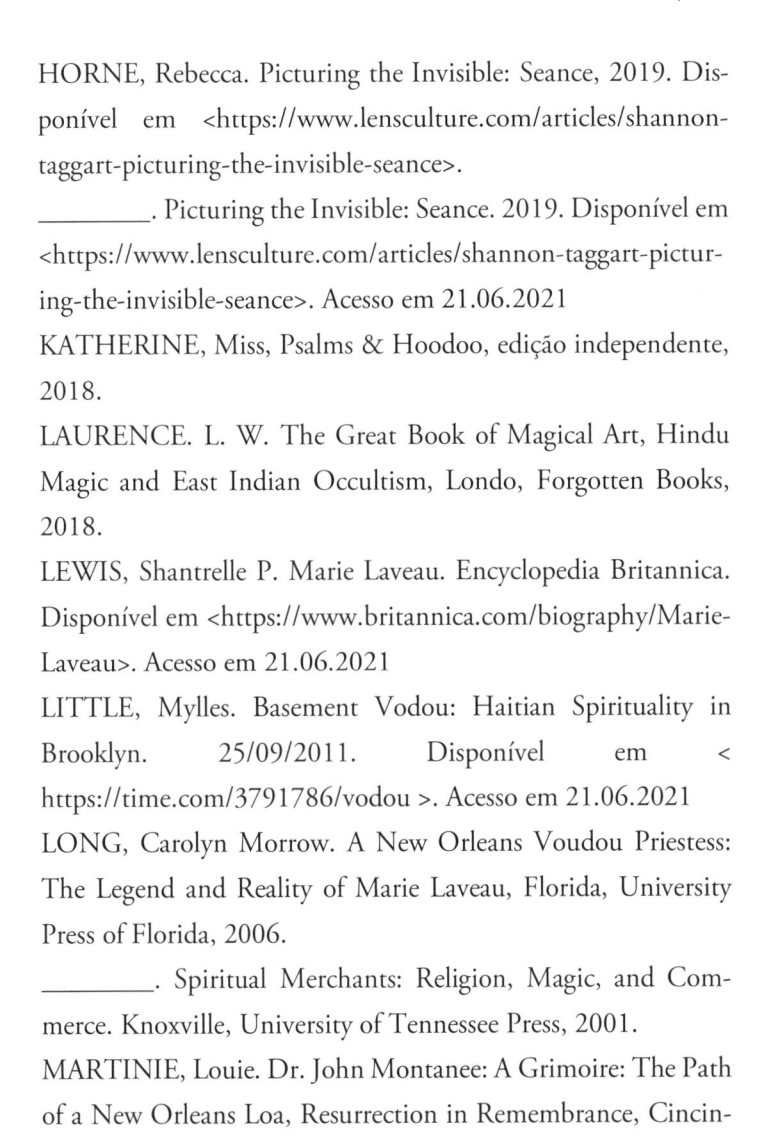

HORNE, Rebecca. Picturing the Invisible: Seance, 2019. Disponível em <https://www.lensculture.com/articles/shannon-taggart-picturing-the-invisible-seance>.

_____. Picturing the Invisible: Seance. 2019. Disponível em <https://www.lensculture.com/articles/shannon-taggart-picturing-the-invisible-seance>. Acesso em 21.06.2021

KATHERINE, Miss, Psalms & Hoodoo, edição independente, 2018.

LAURENCE. L. W. The Great Book of Magical Art, Hindu Magic and East Indian Occultism, Londo, Forgotten Books, 2018.

LEWIS, Shantrelle P. Marie Laveau. Encyclopedia Britannica. Disponível em <https://www.britannica.com/biography/Marie-Laveau>. Acesso em 21.06.2021

LITTLE, Mylles. Basement Vodou: Haitian Spirituality in Brooklyn. 25/09/2011. Disponível em < https://time.com/3791786/vodou >. Acesso em 21.06.2021

LONG, Carolyn Morrow. A New Orleans Voudou Priestess: The Legend and Reality of Marie Laveau, Florida, University Press of Florida, 2006.

_____. Spiritual Merchants: Religion, Magic, and Commerce. Knoxville, University of Tennessee Press, 2001.

MARTINIE, Louie. Dr. John Montanee: A Grimoire: The Path of a New Orleans Loa, Resurrection in Remembrance, Cincinnati, Black Moon Publishing, 2014.

MENFO, Mambo Vye Zo Komande la. Serving the Spirits: The Religion of Haitian Vodou. Edição privada, 2011

MÉTRAUX, Alfred, Voodoo in Haiti, Reissue, Pantheon, 1989.

MILLET, Deacon, Hoodoo Honey and Sugar Spells, Forestville, Lucky Mojo Curio Company, 2013.

MOISE, Hoodoo Sen, Working Conjure: A Guide to Hoodoo Folk Ma-gic, Neburyport, Weiser Books, 2018.

NEVES, Maria Cristina. Do Vodu à Macumba, São Paulo, Tríade, 1991.

PETERSEN, Sister Robin (Ladies Auxiliary of Missionary Independent Spiritual Church), Hoodoo Food: the Best of Conjure Cook-Off and Rootwork Recipe Round-Up, Missionary Independent Spiritual Church, Forestville, 2014

POTTER, Potter. A Hairdresser's Experience in High Life, Cincinnati, The University of North Carolina Press,1859.

QUIARELI, Diogo. A história de Papa Legba, uma figura de vodu vista como a mais diabólica. 23/10/2018. Disponível em <https://www.fatosdesconhecidos.com.br/historia-de-papa-legba-uma-figura-de-vodu-vista-como-mais-diabolica>. Acesso em 28/06/2021.

RIGAUD, Milo. Secrets of Voodoo, San Francisco, City Lights Publishers, 2001.

_____. Ve-Ve – diagrammes rituels du voudou. New York, French and European Publications, s/d.

SCHEU, Patricia D. (Mambo Vye Zo Komande La Menfo), Serving the Spirits: The Religion of Vodou, edição independente, 2011.

SELIG, Godfrey, Secrets of the Psalms: The key to answered prayers from the King, edição independente, 2014.

SELWANGA, Frater. O Asson no Vodou. 19/08/2020. Disponível em <https://www.otoa-lcn-brasil.com.br/post/o-asson-no-vodou >. Acesso em 21.06.2021

SEN MOISE, Hoodoo, Working Conjure: A Guide to Hoodoo Folk Ma-gic, Newburyport, Weiser, 2018.

TALLANT, Robert. The Voodoo Queen, Gretna, Pelican Publishing Company, 2003.

TANN, Mambo Chita. Haitian Vodou: An Introduction to Haiti's Indi-genous Spiritual Tradition, Los Angeles, Llewellyn Publications, 2012.

VAMERI, Frater. A Sereia das Antilhas. 12/11/2019. Disponível em <https://www.otoa-lcn-brasil.com.br/post/a-sereia-das-antilhas>. Acesso em 21.06.2021

_____. Barão Samedi: um Lwa a rigor (mortis). 30/11/2019. Disponível em <https://www.otoa-lcn-brasil.com.br/post/bar%C3%A3o-samedi-um-lwa-a-rigor-mortis>. Acesso em 21.06.2021

_____. Erzulie Freda: feminilidade e perfeição no Vodou. Disponível em <https://www.otoa-lcn-brasil.com.br/post/erzulie-freda-feminilidade-e-perfei%C3%A7%C3%A3o-no-vodou>. Acesso em 21.06.2021

_____. Gran Bwa: a árvore dos mundos. 10/12/2019. Disponível em <https://www.otoa-lcn-brasil.com.br/post/gran-bwa-a-%C3%A1rvore-dos-mundos>. Acesso em 21.06.2021

_____. Loko e Ayizan. 05/08/2020. Disponível em <https://www.otoa-lcn-brasil.com.br/post/loko-e-ayizan>. Acesso em 21.06.2021

_____. Manman Brijit - a dona do cemitério. 12/08/2019.

Disponível em <https://www.otoa-lcn-brasil.com.br/post/manman-brijit-a-dona-do-cemit%C3%A9rio >. Acesso em 21.06.2021

_____. Os Gêmeos No Vodou. 23/09/2020. Disponível em <https://www.otoa-lcn-brasil.com.br/post/os-g%C3%AAmeos-no-vodou>. Acesso em 21.06.2021

_____. Papa Legba: Abrindo os Portões. 14/01/2020. Disponível em <https://www.otoa-lcn-brasil.com.br/post/papa-legba-abrindo-os-port%C3%B5es>. Acesso em 21.06.2021

_____. Templo e ferramentas do Vodou. 24/06/2020. Disponível em <https://www.otoa-lcn-brasil.com.br/post/templo-e-ferramentas-do-vodou . Acesso em 27.06.2021

_____. Um pouco sobre Ogou. 22/10/2019. Disponível em <https://www.otoa-lcn-brasil.com.br/post/um-pouco-sobre-ogou . Acesso em 21.06.2021

VILSAINT, Féquière e HEURTELOU, Maude. Diksyonè Kreyòl Vilsen, 3ed. 2009, Educa Vision, Florida. Disponível em <https://ufdc.ufl.edu/AA00010738/00001>. Acesso em 27.06.2021

WARD, Martha, Voodoo Queen – the Spirited Lives of Marie Laveau, Jackson, University Press of Mississippi, 2004.

YRONWODE, Catherine, Hoodoo Herb and Root Magic: A Materia Magica of African American Conjure, Forestville Ucky Mojo Curio Company, 2002.

_____. Paper in My Shoe, Forestville, Lucky Mojo Curio Company, 2015

_____. ; RIVERA, Lara, Bottle Up and Go, Forestville Ucky Mojo Curio Company, 2020

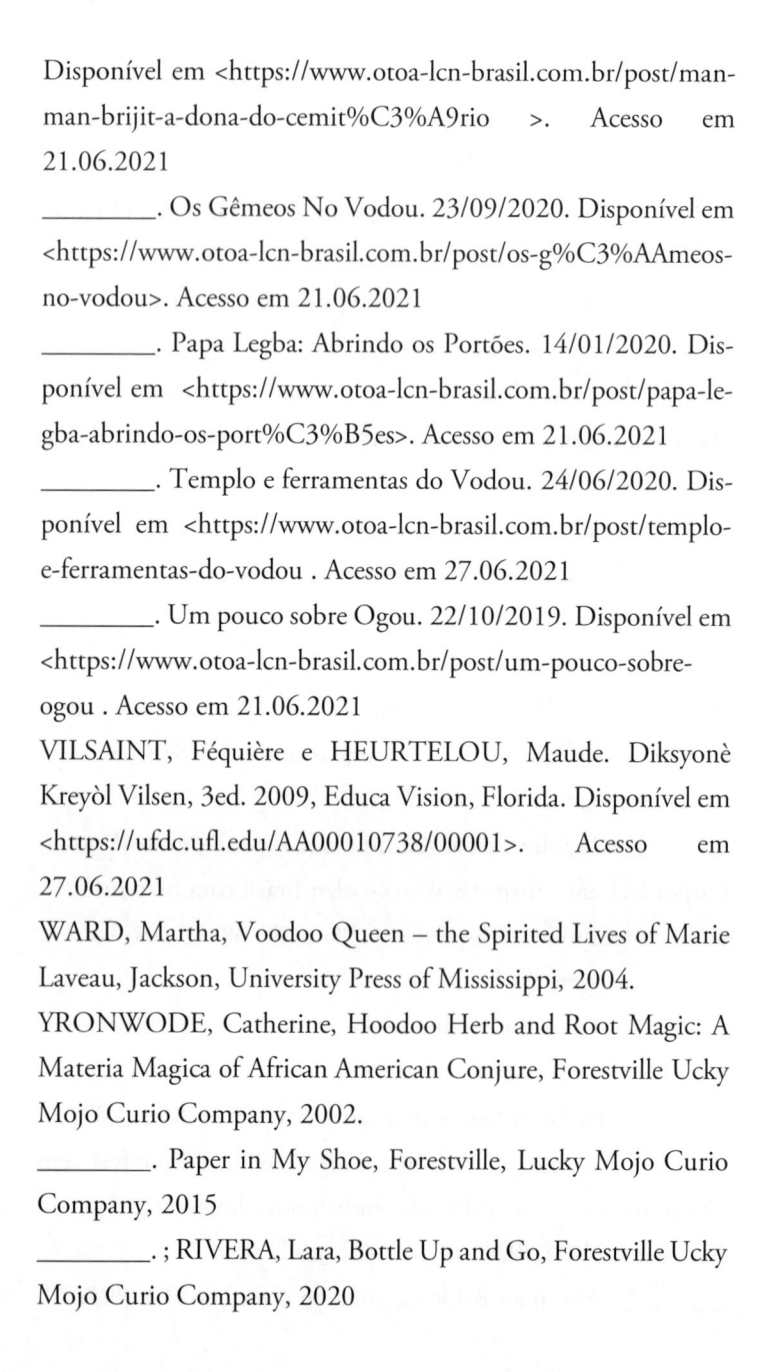

# Sobre os Autores

## Diamantino Fernandes Trindade

- Professor do curso de Pós-Graduação em História e Cultura Afro-Brasileira do Centro Universitário Salesiano (UNISAL) entre 2011 e 2015.
- Professor (aposentado) do Instituto Federal de Educação Tecnológica de São Paulo (IFSP) onde lecionou as disciplinas: Química, Fundamentos da Educação, Psicologia da Educação, História da Ciência e Epistemologia do Ensino.
- Mestre em Educação pela Universidade Cidade de São Paulo.
- Master Science in Education Science by City University Los Angeles.

- Doutor em Educação pela PUC-SP.
- Pós-Doutor em Educação pelo GEPI-PUCSP.
- Autor de livros sobre Umbanda.
- Membro da Escola Superior de Guerra.
- Mestre Maçon Past Master.

- Vice-Presidente da Federação Umbandista do Grande ABC entre 1985 e 1989.
- Sacerdote do Templo Cristão Umbanda do Brasil.
- Ministro religioso da Casa de Cultura Umbanda do Brasil
- Sacerdote de Orunmilá-Ifá (Babáláwò Ifasoya Ifadaisi Agbole Obemo), iniciado pelo Babáláwò Ifatoki Adekunle Aderonmu Ògúnjimi.
- Iniciado na Umbanda Tradicional por Pai Ronaldo Linares.
- Iniciado na Raiz de Guiné (Hanamatan Ramayane) por Mestre Yatyçara.
- Iniciado na Kimbanda das Almas (Tatá Egúngún Inú Aféfe) por Tata Kalunga.

# SÉBASTIEN DE LA CROIX

- Iniciado na Raiz de Guiné por Hanamatan Ramayane, de quem é discípulo e filho espiritual.
- Médium do Templo Cristão Umbanda do Brasil.
- Sacerdote de Umbanda Tradicional iniciado por Pai Ronaldo Linares.
- Hougan sur pwen no Vodu haitiano.
- Representante no Brasil, de linhagens tradicionais de sociedades iniciáticas da Escola Francesa de Esoterismo Ocidental.
- Advogado.

# VODU
# VOODOO
# & Hoodoo

A MAGIA DO CARIBE E O IMPÉRIO DE MARIE LAVEAU

*Uma publicação da Arole Cultural*

*Acesse o site*
*www.arolecultural.com.br*